JN087210

こんなにおもしろい

# 中小企業診断士の仕事

第4版

建宮 努

TSUTOMU Tatemiya

*Small and
Medium sized
Enterprise
Consultant*

中央経済社

## はじめに　第4版改訂にあたって

　本書は2008年に初版を発行したのち，第一線でコンサルタントや企業人として活躍されている中小企業診断士資格取得者の活用事例を紹介し，版を重ねながら内容を充実させてきました。

　第4版への改訂にあたり目指したものは，「『中小企業診断士の仕事』が本当に日本の中小企業の問題解決に役立っていること」，また，「30歳代，40歳代から心機一転独立しても，報酬面も含めて十分に魅力的な資格であること」を，具体的な事例を紹介し伝えたいということでした。

　そこで，第一線で活躍している若手コンサルタントを協力者として迎える必要があると感じました。編著者である私は，サラリーマンや，ベンチャー企業役員，コンサルティングビジネスを経験しましたが，50歳をすぎ大学で教鞭を執る職にある今，第一線で火花を散らしながら今日の問題を解決している臨場感を表現するためには，やはり，最前線の現場にいる若い先生の熱意が必要だと感じました。

　第4版は，第一線のコンサルタントとして活躍している酒井勇貴先生を協力者に迎え，酒井先生の人脈を通じて，現在の中小企業の問題に正面から取り組み，ビジネスでも成功している若手プロコンサルタント仲間5名に，ご寄稿いただき，活躍中のプロコンサルタントの臨場感隘れる実情を伝えたいと考えます。

　中小企業診断士取得者の中には，大企業を引退されて，大企業時代の仕事人脈で，元の勤務先や関連子会社，取引先などのコンサルタントとし活躍されている60歳～70歳代方も多数いらっしゃいますが，今回は，さらに30歳代，40歳代から独立コンサルタントとして活躍したい方，または企業内の経営企画等で企業の頭脳として働きたい方に，特に役に立つような内容になっています。

本書をきっかけに，新たな希望に燃えるコンサルタントが増え，より活発な
ビジネスシーンが形成されていく一助になれば幸いです。


　令和2年1月

**建宮　努**

# 目　　次

## 第1章　中小企業診断士資格の魅力

**1** 経営コンサルタント唯一の国家資格 ································ 2

**2** 名前は『中小企業診断士』だが…
大企業でも十分に通用する MBA レベルの経営知識が得られる ············ 5

**3** 中小企業診断士と MBA はどこが違うか！ ·················· 7

**4** 中小企業診断士のブランド効果
大企業の人事部では意外なほど評価が高い ···························· 9

**5** 信頼できる経営専門家とみられる ························· 11

**6** 成功している中小企業診断士
資格プラス一芸に秀でている実務家 ························· 13

コラム：一芸に秀でた中小企業診断士は，常に仲間からチェックされている！　14

**7** 資格を取得すると！
多彩な専門家同士のネットワークができる ···················· 15

**8** ビジネスドクターの視点
資格取得者が共通して持っている特徴──ビジネスをつくり，治すという
視点 ……………………………………………………………………………… 17

**9** ギブ＆テイク
コラボでシナジー効果を生む …………………………………………………… 18

## 第2章　中小企業診断士の仕事　ケース・ファイル

**1** 中小企業・小規模業者を取り巻く課題と
独立診断士のビジネスチャンス……………………………………… 23

**2** 中小企業診断士資格取得後の活用事例 ……………………… 25

### 事例1　平川　雄二氏のケース　　25

"中小企業診断士×税理士" を武器に "創業・ベンチャー企業支援" と
"資金調達支援" のスペシャリスト。

### 事例2　菅生　将人氏のケース　　37

中小企業の経営者であり支援者。現場経験を活かした食品流通のスペ
シャリスト。"魚も捌ける" 築地出身ブルーカラー診断士。

### 事例3　青木　洋人氏のケース　　48

ないない戦略で独自のビジネスモデルを構築中。診断士という枠組み
をどう越えていくかが課題の，中小企業診断士。

### 事例4　岡安　裕一氏のケース　　59

Web マーケティング・クラウドサービス導入による業績アップ・生産
性向上を実現。"農業×IT" のフロンティアも切り拓く IT コンサルタン
ト。

### 事例5　石田 紀彦氏のケース　71

『プロカメラマン×中小企業診断士』という独自のポジショニングで，中小企業の売上・利益を向上させるオンリーワン診断士。

### 事例6　川﨑 悟氏のケース　83

顧客ゼロからの売り上げづくりを得意とする中小企業・小規模事業者の営業支援のスペシャリスト。“コンサルティング”だけでなく，今でも“実営業”を行う実践派コンサルタント。

## 第3章　駆け出し中小企業診断士の日々

### 1　30代で独立した私が駆け出しの中小企業診断士だったころ（酒井　勇貴のケース）……………………… 96

①そもそも，なぜ私は中小企業診断士を目指したのか？　96

②中小企業診断士で“学んだこと”をとにかくアウトプットし続けた　98

③思っていたよりも早く来た“独立”の日　99

④先輩・恩師やパートナーが“何も無い私”を支えてくれた　100

⑤“プレイヤー”から“コーディネーター”へ。そして…　103

### 2　私が駆け出し中小企業診断士だったころ（建宮　努のケース）……………………… 105

コラム：自分が中小企業診断士になったときを……イメージする　107

①積極的に動いて人脈をつくる　107

コラム：先輩や，目上の方には礼をつくす　109

②勤め人との二足のわらじで最初に立てた戦略　109

③まずは小さな仕事から—通信講座の添削，商業雑誌の付録冊子の執筆　110

④最初の執筆の話がきた！　そして講師業，コンサルの話も！　111

⑤大学の教員になろうと思ってから　113

コラム：自分に限界をもうけず，無理目の仕事でもトライしてみることが大事　116


第4章　診断士資格を取得して仕事に活かせる人の特徴とは


1　診断士資格を仕事に活かしている人たちの特徴 ……… 118


2　診断士資格を具体的な収入アップに活かせる人の特徴 … 119

1　目の前の経営問題（特に売上改善策，保有現金増加策）について，
　　明日からできる，実現可能な具体的アイデアが出せる　123

2　仕事は人間をつなぐことだと理解していて，専門分野別に必要なときに
　　誰に頼むのか具体的名前を挙げることができ，すぐ連絡できる　125

3　大会社の看板がない状態の客観的な自分のブランド感を冷静に
　　分析できる　127

4　基本的にお金儲けが好き　128

5　基本的に自分の才能を信じている　129

6　あきらめが悪い　130

7　繰り返しの失敗に強い・失敗の結果をきちんと検証できる　131

8　お金が取れるレベルの文章力がある　132

9　自分と違う高い専門性のある仲間を作るのが好き　134

10　凄い人を素直に凄いと思える　135

11　頑張っている若手を応援するのが好き　136

12　人のブランドで飾るより，自分自身がブランドになりたいと思う　137

13　「ちょっとその話を1枚の絵にしてみて」と言われたら全体の絵が描ける　138

14　必要なときは寝ないで仕事できる　139

15　自分を取り戻す方法と時間を大事にしている　140

16　他人の時間も大事にしている　141

17　自分の専門分野について，常に最新の技術情報と導入コストが
　　わかっている　141

18　一般論と現実的な経営問題解決策のギャップを理解している　142

19　立ち上げたプロジェクトの現実的なスケジューリング
　　と起こりうる問題について独力で管理できる　143

20　仕事以外の趣味や生活ノウハウへのこだわりがあり，雑談で仲良くなるのが
　　得意である。雑談しているときの笑顔がよい　144

# 第5章　中小企業診断士試験制度と学習法

**1** 試験の概要と仕組み …………………………………………… 146

**2** 試験制度改革で取得しやすくなった ………………………… 153

　　コラム：受験学習では，過去問の出題分析が重要　154

**3** 受験者の実態 …………………………………………………… 155

　　コラム：中小企業診断士を評価する企業は多い　163

**4** 中小企業診断士一次試験
　　各科目の設置目的と内容 ……………………………………… 164

　1　経済学・経済政策　164

　2　財務・会計　165

　3　企業経営理論　167

4　運営管理（オペレーション・マネジメント）　171

5　経営法務　174

6　経営情報システム　175

7　中小企業経営・中小企業政策　178


**5** 中小企業診断士試験学習のコツ ……………………………… 179

1　試験の全体像から一次試験を考える　179

2　学んだことを仕事に生かす　181

3　自分の会社の経営戦略，自分自身の経営戦略を立ててみよう　182

コラム：中小企業診断士になった自分を想定した目標を持て！　184

## 第6章　こんな時に役立つ中小企業診断士の知識

**1** 新しいビジネスプランを考える
SWOT 分析 ……………………………………………………… 186

コラム：弱いところには執着しない　189


**2** コアビジネスに経営資源の集中をはかる
ドメインの再定義 ……………………………………………… 190


**3** 事業の成長方向性を考える
市場マトリックス（成長ベクトル）………………………… 192

コラム：事業の多角化は景気上昇時以外は難しい　194

**4** 競争力を高める
競争戦略 ················································· 194

**5** 事業の管理を行う
マネジメント・サイクル ··························· 196

コラム：個人決算のすすめ　198

**6** 管理者として人を使う
モチベーション理論 ································· 199

**7** マーケティングを体系的に考える
マーケティングの４P ······························ 201

**8** 標的とすべき市場を考える
ポジショニング ······································ 203

**9** 商品構成を考える
プロダクト・ミックス ······························ 205

**10** サービスを向上させる
サービス・マーケティング ······················· 207

**11** 価格を決める
価格戦略 ··············································· 209

**12** ビジネスの効率を知る
自己資本利益率（ROE）分析 ···················· 211

## 13 利益が出やすい仕組みをつくる
損益分岐点分析（ゼロイーブン） ……………………………………… 213

## 14 会社の支払い能力を知る
流動性分析 ………………………………………………………………… 216

## 15 リスクとリターンを考える
ファイナンス理論 ………………………………………………………… 218

コラム：学んだ知識は使ってみる！　　220

**主要専門学校一覧**　　221

**あとがき**　　222

**参考資料**
　・中小企業診断士試験実施団体　　224

# 第 1 章

# 中小企業診断士資格の魅力

　中小企業診断士は，経営コンサルタント唯一の国家資格であり，合格者の高い経営専門知識レベルと問題解決能力が社会的にも認知されている資格です。

　合格者の平均年収は 1,200 万～1,500 万と，合格者たちのビジネスの実力は，収入面でも結果としてあらわれています。

　ビジネスドクターともいわれる診断士資格ですが，その実態については専門性の広さや，独占業務がないことから，わかりにくいとされていました。

　そこで本章では，診断士資格で得られる知識，能力や，問題解決能力，社会的な信用（ブランド効果）などについて，その実態をお伝えしていこうと思います。

# 1 経営コンサルタント唯一の国家資格

## ●国家資格は信頼度が違う

　中小企業診断士は，経営コンサルタント唯一の国家資格です。国が認めた経営の専門家として経済産業省に登録され，日本の99％を占める中小企業の経営診断，指導，助言を行うための能力レベルを認められています。

　経営コンサルタントには民間の資格も多々あります。しかし，他の資格と中小企業診断士が決定的に違うのは，「中小企業支援法」第11条に基づく法律上の国家資格であることです。私も資格を取得し，登録者となってからわかったことですが，やはり民間資格と国家資格では，社会的な信頼度が全然違います。

　資格取得者（登録者）は全国で約20,000名強ですが，ビジネスの現場でも活躍しながら資格にチャレンジしている方が多く，仕事をしながら平均1,000時間といわれる学習時間を捻出し，3段階にわたる難関試験（ストレート合格率は約4％）を突破した登録者のビジネスの実力は，登録者の平均年収約1,200

### 診断士の平均年収は1,200～1,500万円

〜1,500万円という結果にあらわれています。

### ●独占業務がないことが逆に強みとなる

　他の経営系の資格（公認会計士，税理士，社会保険労務士など）と大きく違うのは「独占業務」がないことです。

　「独占業務」というのは，「この資格を持っている人でないと，やってはいけないという業務」であり，「その仕事の価格」がある程度決められているものです。ある意味この独占業務があれば，士業としての独立開業者の一定の収入が保証されることになりますが，診断士にはこの「独占業務」がありません。

　しかし，現実的にはこの「独占業務」がないことが，診断士登録者の年収の高さにつながっているのではないかと思われます。

　他の経営系資格の登録者と比較すると，診断士登録者の多くは「何もないところからビジネスを組み立てる」，「儲ける仕組みをつくる」ことに長けている方が多く，高度な経営知識と交渉力を武器に仕事をつくりだしていくという「狩猟系ビジネスパーソン」が多いといえます。

　これに対し，実際に仕事をいっしょにしていく中で感じたことですが，「独

### 診断士資格者は狩猟系ビジネスパーソンが多い

| 中小企業診断士資格 | 独占業務系資格 |
|---|---|

占業務」を持つ他の経営資格の登録者は，「すでに存在する仕事から，規制や独占業務であることを前提に，決められた一定の報酬をいただく」という「農耕的ビジネスパーソン」の方が多いような印象があります。

　この本の中でも，ビジネス界で活躍している私の友人，知人をご紹介しますが，その卓越したビジネスメイクセンス，行動力，交渉力はまさに「狩猟系」といえると思いますし，この本を読まれた方にも，診断士資格取得者の実力，魅力をぜひ伝えたいと思っています。

　では，より深くこの資格の特徴をご紹介していきましょう。

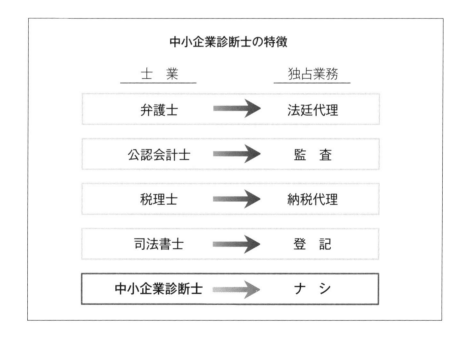

**中小企業診断士の特徴**

| 士　業 | | 独占業務 |
|---|---|---|
| 弁護士 | ➡ | 法廷代理 |
| 公認会計士 | ➡ | 監　査 |
| 税理士 | ➡ | 納税代理 |
| 司法書士 | ➡ | 登　記 |
| 中小企業診断士 | ➡ | ナ　シ |

**名前は『中小企業診断士』だが…**
大企業でも十分に通用する MBA レベルの経営知識が得られる

**●大企業の幹部養成で使われる知識体系**

　診断士の講師時代に，「この資格は，小さな会社を運営するための知識を学ぶ資格なのですか？」という質問をよくいただきました。確かに名称からくる印象としては，ベンチャーカンパニーや，町の小さな商店のコンサルティングをするための資格と受け取られがちです。

　しかし，実際は，大企業の幹部クラスが，基本ベースとして身につけておくべき知識を学ぶためのカリキュラムになっており，大企業の中にはこの診断士試験の内容をマスターすることが，幹部候補生となるための要件となっている企業も多くあります。

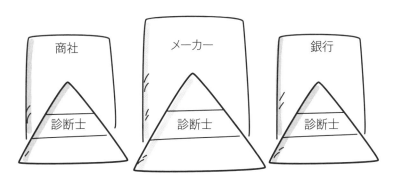

**診断士は大企業の幹部養成カリキュラムに活用されています。**

## 診断士資格の学習で経営者の視点が養成される

全体をよく見渡して，ビジネスを考えよう！

### ●問題解決のための思考軸を学ぶ

　経営知識の学習範囲と深さの面で最も似ているのは経営学修士（MBA）のカリキュラムです。

　診断士で学ぶ内容は，ケーススタディを中心とした場合のMBAカリキュラムによく似ています（学術論文中心のカリキュラムもありますが，こちらはちょっと診断士試験とは異なります）。

　経営全般に関する幅広い基本知識を学び（診断士一次試験），この基礎知識をベースに経営の具体的な事例に対する改善策を考え(診断士二次試験)，実際の企業でのコンサルティング実習（診断士三次試験）を経て，「経営者の視点で企業全体を見渡しながら，経営の問題点とその解決策を考える体系的な思考軸を身につける」ことが診断士試験で養成される能力です。

　この経営に関する「体系的な思考軸」は，大企業の経営幹部にも求められるものであり，診断士試験向けの講座の修了を幹部候補生のモノサシとして使う大企業が多いことにもつながっているようです。

#  3 中小企業診断士とMBA はどこが違うか！

## ●診断士と MBA の違い

前節で診断士と MBA は学習内容がよく似ているといいましたが，ではどこが違うのでしょうか？

これもよく聞かれることですが，診断士は「国家資格」であり，MBA はある特定の大学の認定による経営学修士号という「学位」です。

どちらを取得する方がメリットがあるのかについては，その人が目指す方向によるでしょう。

外資系の企業で活躍したいのであれば，海外の MBA を取得することがメリットを生むかもしれません。ただし，どの大学で取得したのかによってかなり評価が違うようです。日本の大学院の MBA は国内企業では評価される場合もありますが，やはりどの大学で取得したのかによって評価の度合いは違うと聞

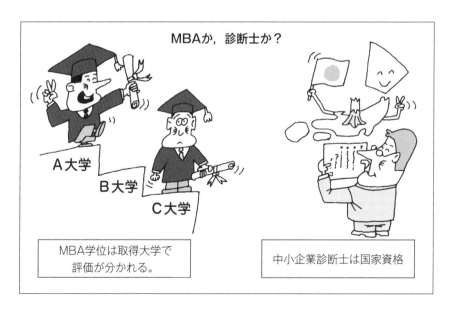

MBAか，診断士か？

A大学
B大学
C大学

MBA学位は取得大学で
評価が分かれる。

中小企業診断士は国家資格

きます。

　この点から見れば，中小企業診断士資格は国家資格ですので，社会的な評価は安定しているといえるでしょう。

### ●経営企画に関わるチャンスが多い

　ビジネスの現場で使うのであれば，多くの企業が診断士資格の学習内容を評価に使っているため，診断士資格取得者は事業企画や，経営企画の仕事に抜擢されることも多いようです。

　よく将来の方向性を考えてから，「国家資格」なのか「学位」なのか，学位であればどの大学院で取得すべきなのかを精査すべきでしょう。

　何を目指すにしてもそれなりに教育コストがかかると思いますので，コストに見合うリターンが得られると考えるものを自分自身の判断で選ぶことが重要です。

診断士は経営企画に
抜擢されることが
多い

# 4 中小企業診断士のブランド効果
## 大企業の人事部では意外なほど評価が高い

### ●大企業の人事部で評価される理由

　資格を取得してから気づいたことですが，中小企業診断士の資格は，意外なほど大企業の人事部では評価されます。

　資格を取得した当時は，企業の経営教育を行う仕事をしていて，人事部の方に面談に伺うことが多々あったのですが，名刺交換をしたときに「えっ，診断士の資格をお持ちなんですか！　すごいですね」とよく言われることがありました。

　その後だんだんとわかったことなのですが，大企業では経営教育のプログラムを人事部の教育担当の方がまとめていて，階層教育というものを行っています。

　階層教育とは，新入社員，入社後３年くらいの社員，30代前半，40代前半などに区切りをおいて，その年齢と役職にふさわしい経営知識を身につけさせるような教育です。

　多くの大企業では，この中～上位レベルの段階で，体系的な知識を身につけさせる目的で診断士資格の学習内容を使ったり，金融機関などでは幹部候補生を決める段階で，診断士資格の取得を会社が勧めたりしているのです。

　そこで，「じゃあ自分も勉強してみるか」と考えて，一度は勉強したり，実際に国家試験にチャレンジしている人事部の方が多いのですが，合格して資格を持っている方はあまりいないので，大変高い評価をいただいたようです。

　資格は体系的な知識を持っているかどうかのモノサシにすぎませんから，相手が期待する知識レベルに見合ったアウトプットをしないといけないのですが，第一印象で高めに評価してもらえることは有利だと思います。

階層教育でよく活用される診断士の知識

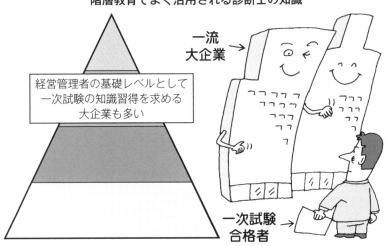

経営管理者の基礎レベルとして
一次試験の知識習得を求める
大企業も多い

一流
大企業

一次試験
合格者

診断士の肩書きは信用を高める

# 5 信頼できる経営専門家とみられる

## ●経営全体を構造的に理解できるようになる

　診断士資格を持っていると，ビジネスの現場では「経営全般について学んでいる人」というイメージを持たれることが一般的に多いようです。

　私も資格を取得してから，いろいろな方にビジネスの相談をされるようになりましたし，資格取得から15年以上たった今でも，同様の相談はよく受けます。

　実際に実行レベルで提案できるのは，やはり実務経験のある分野（私の場合は広告全般およびダイレクトマーケティングシステムと教育ビジネス）になりますが，どんなビジネスでも，その会社が現状どのような状況に置かれていて，問題点は何であるのかについては，話を聞けばだいたい体系的に理解することができます。

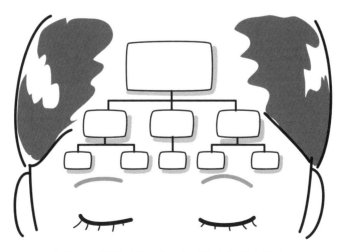

診断士の学習は頭の中に体系的な知識を築く

　このように頭の中に体系的な構造を持つことによって，新しいことや，未経験のことでも，論理的かつ問題解決的に情報を読み解くことができるようになること，これが診断士の三つの試験を経て得られる能力なのかなと最近思っています。

# 6 成功している中小企業診断士
## 資格プラス一芸に秀でている実務家

### ●「私がやる」という主体性が成功のカギ

あとから実例で，ビジネス社会で活躍している私の知人（診断士取得者）を数名ご紹介いたしますが，この資格を取って成功している方にはいくつかの共通点があるように思えます。

それはまず基本的に「I DO（私がやる）」という人だということです。

日本のビジネスパーソンには，「誰かが○○してくれたら，もっと良くなるのに」という方が多いのですが，成功している診断士はそういう考え方をしていません。

経営管理者として誰かにやらせることもできる方が多いのですが，基本的な姿勢として「誰もやらなくても私がやる」という考え方で動いているのです。

資格取得で得られた分析的な視点と，体系的な経営知識に加えて，このような「私がやる」という積極的なマインドを持っていることにより，新しいビジネスをつくったり，今までのビジネスを今の時流に合うものに直したり，というエネルギーを使う動きができるのだと思います。

そして，何か一つ他者には負けないものを持っている方が多いようです。

それは売れるものを嗅ぎ分けるマーケティング的な嗅覚かもしれませんし，会社のムダを洗い出す専門的な会計知識かもしれませんし，大きなビジョンを投資家や社員に見せてその気にさせてしまう"人たらし"の能力かもしれません。

とにかく診断士という資格の土台の上に，何か一つ実務面で突出して優れたものを持っている方は，だいたい成功しているようです。

ですので，この資格は，資格を取ったら終わりではなく，資格取得をスタートとして，実務面で学んだことを活かしながら，自分の強みをより強くしていくことが成功につながる資格だといえるでしょう。

体系的な知識プラス高い専門性

> **コラム**　一芸に秀でた中小企業診断士は，
> 常に仲間からチェックされている！

　診断士同士で話をするときには，誰がどんな得意技を持っているのかという話がよく出ます。それは，診断士資格を持つ人材には，いろいろな経営上の相談が来ることが多いからです。すべての分野に精通することはできませんので，「誰か自分が不得意な分野で頼れる人はいないかな」と常に網を張っているのです。ですので，自分の強みは常にアピールしておくことが必要です。診断士同士の口コミで仕事になることもよくあるからです。

# 7 資格を取得すると！
## 多彩な専門家同士のネットワークができる

### ●多彩な専門家との人脈形成も魅力

　他の資格と診断士資格が大きく異なるのは，資格取得者の実務専門性が多彩だということです。会計士なら会計畑の方，弁護士なら法律畑の方というように，多くの国家資格は同じ実務専門性を持つ専門家集団を構成しますが，診断士は「経営」という大きなくくりでの知識を身につけるものなので，資格取得者はマーケティングの専門家であったり，研究開発をしていたり，金融の専門家であったりと，非常に多岐にわたる専門性を持っています。

　これは資格取得後には大変貴重な人脈という財産となります。

　実際にビジネスを行っていくためには幅広い専門性が求められますが，すべての領域について高度な専門性を持つことはほぼ不可能です。

　また，そもそもビジネスはチームで行うものですので，一人がスーパーマンのように全部を深くわかっている必要もありません。

　そこで，経営全体を見渡す体系的な知識を持っているという前提で，さらにさまざまな専門分野を持っている人脈を持つと，広範囲にわたってビジネスを知ることができ，正しい判断ができるようになるのです。

　コンサルティングという経営アドバイスの現場でも，自らが経営を行っていく経営管理者の立場でも，このような専門性の異なる高いレベルの経営知識を持った人脈は，大変有効なのです。

　私もよく「こんなときはどうしたらよいのでしょうか？」という経営相談を受けることがありますが，自分が実務的にもよくわかっている分野であれば問題ないのですが，まったく経験のない分野の相談を受けることもあります。

　そういうときに，診断士の知人を探してみると，その分野を実務的に行っている方が見つかることがあります。

●共通の思考軸を持つことのメリット

　診断士同士は，経営の専門用語を共通言語として，また診断士で学んだ経営環境分析の体系的な思考軸を共通思考軸として持っていますので，相談を受けた内容を正確に，素早く，体系的に伝達し合うことができます。

　そこで私が相談を受けた内容について，実務的にも明るい方からより実効性の高い，業界事情にも考慮したアドバイスを得ることができるのです。

　当然，他の診断士仲間から同様の相談を受けることもありますが，お互い様ということで，私もできる限り誠意のあるアドバイスを返すようにしています。

　このようにお互いの実務経験が違っていると，幅広い経営問題に対して柔軟かつ現実的な解決策を人脈ネットワークから得ることができるのです。

　この多彩な専門家同士のネットワークを構築できるのも，診断士資格の魅力と言えるでしょう。

専門家同士のネットワーク

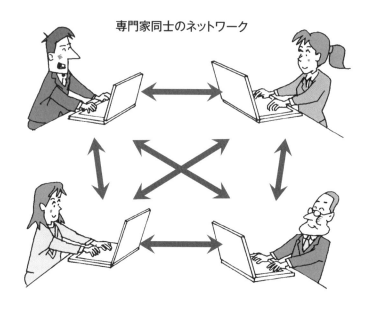

## ビジネスドクターの視点
### 資格取得者が共通して持っている特徴──ビジネスをつくり，治すという視点

●企業を治すための解決型思考を持つ

中小企業診断士は，ビジネスドクターとも言われることがあります。

人間の体を治す医者は，患者との問診や，レントゲン写真，健康診断の数値などを基礎情報としてその患者の問題点を発見し，治療方法を考えます。

同様に，診断士は経営者や従業員とのインタビューや，財務数値，店舗や工場，経営現場の状況確認をベースにその企業の問題点を発見し，改善のための方法や，より成長するための方法について考えるからです。

このような思考法を身につけた診断士資格取得者は，共通してビジネスをよりよいもの（健康な状態）につくりあげる。また，よりよい状態に治すというビジネスドクターの視点を持っています。

人間と同じで経営の調子がよいときには，特に医者の必要性は高くありませんが，調子が悪かったり，停滞していてもう一歩飛躍をしなくてはいけないときには，より全体を見渡す視点で経営手法を直したり，変えたりすることが必要です。

診断士の力が発揮される一つの側面としては，このように経営の調子が悪かったり，飛躍を目指すときでしょう。

もう一つの活用の大きな側面としては，「経営環境を読んでチャンスを発見し，新たなビジネスを構築する」ということがあると思います。

のちほどご紹介する診断士取得者の方々の事例でも，彼らが新たなビジネスチャンスを切り開き，新たなビジネスシステムを構築していくのを得意としていることが，よくわかっていただけるかと思います。

**診断士はビジネスドクター**

問題を体系的に
整理して
みましょう。

---

| 9 | **ギブ＆テイク** |
| --- | --- |
| | コラボでシナジー効果を生む |

### ●信頼できる資格取得者同士のコラボレーション

　前段でも少し述べましたが，ビジネスはチームでやるものです。個人でもできますが，高い専門性を持つ複数のメンバーが集まれば，それだけスピーディに事業規模を大きくしたり，仕事をこなしたりできるようになります。

　特に最近ではインターネットの普及によって，コンサルティングや書籍執筆，ビジネスプランの作成などの経営知識を使う仕事は，チームで行うことが大変容易になりました。

　私も共著で書籍を多く書いております。極端な例では，１年間に１〜２回しか面と向かってはお会いしない方と共著することもあるのですが，最初に執筆の人選と，内容の打ち合わせをかなりきちんとしておけば，あとはネット上のやりとりで書籍の段階まで完成してしまうことも多くあります。

　このように便利になった今の時代の恩恵を利用しない手はありません。資格を取得したら，どんどん人脈を広げてコラボレーションしていきましょう。

　ポイントはお互いにギブ＆テイクの関係を維持することです。仕事をもらいっぱなしの方や，紹介した仕事で，裏をかいて自分だけ仕事をもらおうとする方もたまにいるのですが，そのように信用を落とす行動をとることは，結果的にマイナスになるだけです。

　あくまで紳士的に，また相手にいつも提供できるだけの高い専門性を維持しつづけることが，信頼を得て仕事をつくりだしていける人間関係につながります。

●信用が何よりも大事である事を忘れずに

　ビジネス社会では信用がもっとも大事ですが，構築するには長い時間が必要な反面，信用を失うのは一瞬です。しかも元にもどることはほとんどありませんので，信用をすべてに優先させて，常に紳士的に，小さな仕事でも全力でこなすことが肝要だと思います。

　次章以降では診断士資格の活用の代表的な方向性をいくつか示しています。

　まず，第2章では，診断士取得者で実際にビジネスシーンで活躍している素

信用が一番大事！

晴らしい私の知人たちについてご紹介していきたいと思います。皆さんの資格取得後の方向性を考えるときに一助になれば幸いです。

## ビジネス界での評価

※国際的な知名度は MBA の方が上ですが，
　経営知識・ビジネス界での評価はともに遜色ない！

# 第 **2** 章

# 中小企業診断士の仕事
# ケース・ファイル

　中小企業診断士を取得して，第一線のビジネスコンサルタントとして独立し，第一線で活躍する若手診断士の精鋭の事例をご紹介いたします。彼らのエネルギッシュな活躍，日々の仕事のこなし方など，参考になるポイントがたくさんあるはずです。

　これから診断士を取得しようと考える方，資格取得後の活用をどうしようかと思案されている方にぜひお読みいただき，次なる手を考えるためのご参考にしていただければと思います。

## 事例1　平川　雄二氏のケース

　（"中小企業診断士×税理士"を武器に"創業・ベンチャー企業支援"と"資金調達支援"のスペシャリスト）

## 事例2　菅生將人氏のケース

　（中小企業の経営者であり支援者。現場経験を活かした食品流通のスペシャリスト。"魚も捌ける"築地出身ブルーカラー診断士）

## 事例3　青木　洋人氏のケース

　（ないない戦略で独自のビジネスモデルを構築中。診断士という枠組みをどう越えていくかが課題の，中小企業診断士）

## 事例4　岡安　裕一氏のケース

　（Web マーケティング・クラウドサービス導入による業績アップ・生産性向上を実現。"農業×IT"のフロンティアも切り拓く IT コンサルタント）

## 事例5　石田 紀彦氏のケース

　（『プロカメラマン×中小企業診断士』という独自のポジショニングで，中小企業の売上・利益を向上させるオンリーワン診断士）

## 事例6　川﨑　悟氏のケース

　（顧客ゼロからの売り上げづくりを得意とする中小企業・小規模事業者の営業支援のスペシャリスト。"コンサルティング"だけでなく，今でも"実営業"を行う実践派コンサルタント）

# 1 中小企業・小規模業者を取り巻く課題と独立診断士のビジネスチャンス

　これから個性豊かな６名の独立診断士のケース・ファイルをご紹介しますが，その前に，2019 年の中小企業白書・小規模白書（概要）から，中小企業・小規模業者を取り巻く課題を確認しておきましょう。なぜなら，ここに独立診断士のビジネスチャンスが詰まっているからです。これを把握した上で６名の独立診断士のケース・ファイルを見れば，彼らがなぜ活躍できているのかが，より深く考察できるはずです。

　2019 年の中小企業白書・小規模白書（概要）では，"令和時代の中小企業・小規模事業者の活躍に向けて"というサブタイトルのもと，中小企業・小規模事業者にとっての最大の課題は"人口減少・少子高齢化"であるとした上で，

　①経営者の世代交代，と，②中小企業・小規模事業者に期待される自己変革，の２つに焦点が当てられています。

　"①経営者の世代交代"ですが，これは端的に言えば"事業承継"と"創業"のことです。つまり，"会社・事業を減らさないこと"と"会社・事業を増やすこと"に焦点が当てられているということです。事業承継については，中小企業・小規模事業者の場合は親族内で事業承継するのが一般的ではありますが，昨今では親族外や第三者（M&A）なども選択肢としてみられるようになってきました。人材や設備，経営ノウハウなどの貴重な経営資源を如何にして次世代の経営者に引き継がせるのかも悩みどころです。創業については，事業承継とも絡めて誰かの事業を譲り受ける形での創業や，ICT 技術の発展・働き方改革の進展に伴う副業など，初期費用・リスクの少ない創業について触れられています。

　"②中小企業・小規模事業者に期待される自己変革"では，"構造変化への対応"と"防災・減災対策"が取り上げられています。つまり，今後ますます進む IoT 化や AI 化に対応した"行動変容"と，自然災害への備えによるより強

靭な "事業継続力" に焦点が当てられているということです。

　ここで，中小企業・小規模業者を取り巻く課題を踏まえた上で，我々中小企業診断士に求められていることをシンプルに表現すると，

　"人口減少・少子高齢化" という環境下において，"会社・事業を減らさないこと" と "会社・事業を増やすこと" を如何にして実現するのか？

となると筆者は考えます。

　「そんなこと当たり前じゃないか！」と思われるかもしれませんが，ここで求められる支援は，過去の成功体験や，経営学の一般論をただ述べるだけの "アドバイス" ではどうにも太刀打ちできません。なぜなら，"人口減少・少子高齢化" は，誰にとっても初めての経験だからです。

　「少ない経営資源の中で，ICT や高生産性設備等を適切に活用しながら，世代交代も見据えて今まで以上の売上・利益体質を作り上げていく」
　ということを支援しなければならないのですから，

① 　売上・利益を上げるための具体的な営業・マーケティングの支援
② 　高生産性設備の獲得のための資金調達（補助金）の支援
③ 　少ない人数で高い成果を上げるための IT 導入の支援
④ 　次世代の経営者（後継者・創業者）・右腕人材を育成する人材育成の支援
⑤ 　次の 10 年・ 20 年を見据えた新規事業や M&A の支援

　などなど，より業績に直結した "成果の見える支援" が我々に求められているのです。
　さて，このあとご紹介する 6 名の独立診断士は，これらの環境下において，どのような "活路" を見出しているのでしょうか？　ケース・ファイルを見てみましょう。

# 2 中小企業診断士資格取得後の活用事例

## ＜中小企業診断士資格取得後の活用事例　1＞

GLORIA 総合会計事務所/株式会社 GloriaConsulting
### 平川　雄二（ひらかわ　ゆうじ）氏のケース

"中小企業診断士×税理士"を武器に"創業・ベンチャー
企業支援"と"資金調達支援"のスペシャリスト。

Q1　現在のお仕事内容について教えてください。

**A1**　2019年11月で独立満5年となりますが，主にコンサルティング業務，
公的機関のコーディネーター業務，セミナー講師・執筆等の3つの仕事をして
います。

　コンサルティング業務では，創業・ベンチャー企業への経営戦略策定支援と
銀行融資や補助金などの資金調達支援を行っており，「経営をシンプルに。未
来に戦略を。」をコンセプトに，企業の"攻め"と"守り"の方向性の確立につ
いての実行支援をさせていただいております。

　消費者のニーズが多様化・細分化される中で，サービスを提供する企業側は
めまぐるしいスピードでその変化に対応しなければなりません。小手先だけの
方法論に走ることなく，企業の基準となるべき"ビジョン"を一緒に作り，コ
ンテンツの整理と価格設定まで一緒になり考えていきます。また，銀行融資の
ご支援の場合は，一緒に事業計画書を策定するだけでなく，金融機関へも同行
します。顧問先は税務顧問と合わせて民間企業との直接契約が多く，定期的に
経営会議を行うことで企業の経営基盤強化の構築をお手伝いしています。

　2つ目の公的機関のコーディネーター業務は，支援を希望される企業様の課

題を抽出し，課題解決のために最適な専門家を選定し，コーディネートするお仕事です。企業ごとに抱えている課題は異なるため，専門性や相性も含めて最適な専門家の先生をコーディネートできた時は，とてもうれしい瞬間です。また，私自身が専門家派遣として公的機関から派遣され，企業へ直接お伺いすることもあります。その他，窓口相談業務として週に1度公的機関に出向き，ご相談者様のお話を伺いアドバイスをさせていただいております。限られた時間の中で，ご依頼者様の課題を見つけ，対策を提案することはとても難しい分，大変やりがいがあるお仕事です。

　3つ目のセミナー講師のほとんどが，公的機関からのご依頼によるものです。研修内容は，計数管理や税務面が多いですが，診断士としての知識や経験を活かし，「どうしたらその数字を実現できるのか？」という視点を特に意識しています。また，座学で終わらせずに受講者の方がすぐに経営に生かせる内容にするよう心掛けています。執筆については，独立1年目の時に自分のブランディングと時間の有効活用を目的に，集中して挑戦していました。現在も，診断士の仲間とゴルフ場経営に係る月刊誌に連載をしています。


Q2　独立に至るまでの経緯や，略歴，現在のお仕事の中心となるご専門の分野について教えてください。


A2　中学・高校時代は，友人と路上でギターをもって弾き語りをしたり，好きなアーティストのコピーバンドを組んだりと，音楽に夢中でした。そんな青春時代を過ごしておりましたので，本腰を入れて勉強したことがなく，「今日が楽しければいいや」というような日々を過ごしていました。その後，大学へ進学した際に，「大学は大学に行けなかった人のためにある」と先輩から言われ，衝撃を受けました。今まで「何のために勉強するのか？」「いい点数をとって何になるのか？」どうもわからなかったのですが，「勉強することで自分の可能性が広がり，誰かの役に立てるんだ」と腹に落ち，その先輩が現役の税

理士であったこともあり，安易な気持ちで税理士試験の勉強を開始しました。人生でこんなに勉強したことはないというくらい勉強漬けの毎日でした。卒業後も仕事をしながらの試験勉強となりましたが，この時，時間の使い方について学んだことも多かったと思います。

　合格後は，漠然と「30歳で独立したい」と考えていたため，独立までに2か所の税理士法人等へ就職することを決めました。最初は，組織規模が小さい個人事務所に就職することで，経験豊富なトップの方と近い距離で仕事をしたいとの考えからでした。続いて，大企業の実務も経験したく，監査法人系の税理士法人へ転職しました。2つの事務所では，創業期から上場企業までそれぞれのステージにある課題と対策を，また，飲食店をはじめとする営利企業からNPO法人などの公益法人までと，業種を絞らず様々な事業者と関わらせていただいたことで，大変多くのことを学ぶことができ，今でもかけがえのない財産となっています。

　一方で，大きな"わだかまり"がありました。お仕事をさせていただく相手は経営者ですが，私自身がサラリーマンだったため，経営者の方のお役に立ちたいとの思いはあったものの，アドバイスをする言葉に"熱量"が伴っていないのでは？　という違和感でした。また，経営の課題は税務だけではなく，人事，マーケティング，IT，法律など多岐にわたります。ここでも税理士ができることの限界を感じました。そこでMBAに行くというのも考えましたが，20代半ばで時間もお金もなかったため（笑），独自で勉強しようといろいろと探していく中で，中小企業診断士の存在を知りました。当時の仕事の定時は早くて22時，家に着くのが午前様という職場でしたので，隙間時間や朝晩の短い時間で勉強をやりくりしました。診断士試験は無事独立前の29歳の時に合格することができ，当初の念願通り30歳の時，日本橋にて独立開業しました。


Q3　これから学習をはじめる方の参考として，プロフェッショナルな一週間
　　分の典型的なお仕事スケジュールについて，おおまかに教えてください。

## A3

| | 月 | 火 | 水 | 木 | 金 | 土 | 日 |
|---|---|---|---|---|---|---|---|
| 6時 | 起床 / 準備 | 起床 / 準備 | 起床 / 準備 | 起床 / 準備 | 起床 / 準備 | | |
| 7時 | メール確認返信 | メール確認返信 | メール確認返信 | メール確認返信 | メール確認返信 | 起床 / 準備 | 起床 / 準備 |
| 8時 | 移動 | 移動 | 移動 | 移動 | 移動 | 一週間の振り返り | 資料作成翌週以降の予定確認準備 |
| 9時 | メール確認・返信および調べものや質問対応 | 顧問先と経営会議（TV会議含む） | 社内 MTG | 顧問先と経営会議（TV会議含む） | 公的機関専門家派遣 | | |
| 10時 | | | | | | 資料作成等 | |
| 11時 | | | | | | | |
| 12時 | 昼食 / 情報収集 | 移動 / 昼食 | 移動 / 昼食 | 移動 / 昼食 | 移動 / 昼食 | 移動 / 昼食 | |
| 13時 | 顧問先と経営会議（TV会議含む） | 顧問先と経営会議（TV会議含む） | 顧問先と経営会議（TV会議含む） | 公的機関コーディネーター | 顧問先と経営会議（TV会議含む） | 短大講師 | プライベート |
| 14時 | | | | | | | |
| 15時 | | | | | 社内検討事項会議 | | |
| 16時 | | | | | | | |
| 17時 | | | | | 顧問先と経営会議（TV会議含む） | | |
| 18時 | | | 移動 / 夕食 | | | 移動 | |
| 19時 | メール等返答資料作成 | メール等返答資料作成 | 士業仲間と懇親会 | セミナー研修 | メール等返答資料作成 | プライベート | |
| 20時 | | | | | | | |
| 21時 | 移動 | 移動 | | | 移動 | | |
| 22時 | 資料作り検討 | 資料作り検討 | 移動 | 移動 | 資料作り検討 | 資料作り検討 | 資料作成 |
| 23時 | | | 就寝 | 資料作成 | | | 情報収集 |
| 24時 | 就寝 | 就寝 | | 就寝 | 就寝 | 就寝 | 就寝 |
| 1時 | | | | | | | |
| 2時 | | | | | | | |

　この表は，私が過ごす一週間の典型的なスケジュールです。独立してからは仕事に没頭する毎日でしたので曜日感覚はなくなり，家のごみの日で今日は何曜日だ！（笑）と思い出すようになりました。日中の多くは顧問先との打ち合わせが多く，提案書の作成やシミュレーション，事業計画書等の策定支援などの事務作業は夜間に行うことがわかります。また，日中は移動や打ち合わせが多く電話にでることが難しいことから，電話にでなくても対応できる体制を整える必要があります。そこで，移動時間でも簡単にやりとりができる"ビジネスチャット"をフル活用しています。また，顧問先との打ち合わせについても，移動時間を双方で削減するため，オンラインによることも増えてきています。

　続いて，曜日ごとに掘り下げていきたいと思います。


◎月曜日～火曜日

　月曜日は休み明けということもあり，顧問先からの問い合わせも多く，午前中はその対応に追われ，事務作業をしていることが多いです。調べ物やシミュレーションなどを行う場合，ある程度まとまった時間が必要なため，なるべく打ち合わせなどは入れないようにしています。

　その後，顧問先との打ち合わせを2～3社立て続けに行います。数字面からひも解く経営課題とともに，今後の行動指針も踏まえてアドバイスができるよう心掛けています。


◎水曜日

　自社スタッフとの情報共有も重要な仕事です。現在は，私を除いて4名のスタッフがおり，働き方もフレックス制度と在宅勤務も認めているため，意識しないと一週間会わないまま（笑）ということにもなりかねません。そのため，スタッフとは最低月1回"1on1"を行い，仕事だけでなくプライベートのことや，今後のキャリアビジョンなどについて話し合っています。夜は弁護士，司法書士，診断士，社会保険労務士など士業の先生方と情報交換という名の飲み会（？）を定期的に行っています。参加される方の多くは皆さん独立した経

営者であり，気兼ねなくいろいろなお話ができるだけでなく，刺激も多くとても楽しい時間です。また，専門分野が異なることから後日お仕事をお願いすることもありますし，ご依頼いただく場合もあります。余談ですが，数年前に日本ソムリエ協会が認定しているワインエキスパート（ワインのソムリエと同様）を取得したことで，ワインはもちろんのこと，お酒全般を一層楽しむことができ，また，経営者の方との交流にとても役立っていると感じます。

◎木曜日

　週に1度，公的機関の窓口相談業務に携わらせていただいています。主に，創業相談と資金調達相談が多く，一日3組フルに担当した際は心地よい疲労感が広がります。ご相談者は現在勤務をしている中で，これから起業したい！という方から，第二創業として新規ビジネスモデルについてのアドバイスがほしい！　という方が中心で，今までにない商品・サービスなどのアイデアに触れることができ，とてもやりがいがあるお仕事です。また，資金調達のご相談は，営業展開を進めていくための前向きなご相談だけでなく，どのように銀行と折り合うか，リスケをするためにはどうしたらいいかなど，切羽詰まった状況のご相談もあります。どちらにも共通して言えることとして，「価格設定」についての考え方と，オペレーション，企業のビジョンとが一気通貫していない場合は，経営が後手に回ってしまっているように感じます。今，どこから手を付けていくべきか，ご相談者の立場になり考え提案するようにしています。

◎金曜日～日曜日

　公的機関の専門家派遣として，短ければ当日1～2時間の打ち合わせ，中期のご支援ですと7～9回を半年以上かけてご支援するケースもあります。また，コーディネーターとして選定した専門家の先生に同行することも多く，異なる視点でのアドバイスを聞けるため，個人的にもとても勉強になります。

　土曜日と日曜日は，基本的に仕事を入れないようにしたいのですが，独立してまだ5年目ということもあり，そうはうまくいかないのが現状です。特に土

曜日は，私個人として一週間の振り返りをするとともに，自社の経営についても考える必要があり，やるべきこと，やりたいこと，やらなければならないことはどんどん出てきます（笑）。独立して注意すべきことは，目の前の仕事に流されかねないため，あえてこうした考える時間やインプットの時間を取らなければ，今までの知識や経験をベースに物事を判断せざるを得ず，アドバイス力も落ちていきます。そのため，信頼する方が一人でも推薦した本などは，中身もあまり確認せずとりあえずすぐに買うようにしています。また，ビジネス情報番組などは取り溜めしておいて 1.5 倍速で見ることで，時短効果の最大化を図るようにしています。

Q4　現在のお仕事に診断士資格を取得したことは活きていますか？

A4　結論から申し上げますと，"とても活きている"と思います。診断士資格は「足の裏についた米粒と同じだ（米粒も資格も取っても食えない）」と揶揄されることがありますが，決してそんなことはありません。個人的な印象としては，そう揶揄する方の多くは，実際には資格を取られていない方が想像で仰っているように感じます。事実，診断士としてご活躍されている諸先輩方は，2カ月先，3カ月先までスケジュールがびっしり，という方も少なくありません。なにより今のお仕事がとても楽しいと口にされている方が多い印象を受けます。

　私の場合，税理士×診断士というところで，「どっちの仕事のほうの比率が多いですか？」と度々聞かれることがあります。もちろん税理士の場合は税務相談等の独占業務がありますので，その時間は税理士としての仕事をしていますが，その他の時間はどちらの立場でというよりは，一専門家としてご相談者の課題を解決するためにどうしたらいいかを考え，行動しているためあまり線引きがありません。経営課題を解決するための知識や経験は，診断士資格を取得したことで一層今の仕事に活きていると実感します。

　とはいえ，資格は「パスポート」だと考えています。パスポートがあれば，海外へ行くことはできますが，海外へ行って何をするかは本人次第です。資格も同じく，あればできる仕事の幅は圧倒的に広がりますが，それを活かすかどうかはその方次第だと思います。また，診断士をとって一番仕事の幅が広がったと感じることは，商工会議所や振興公社など公的機関とのお仕事です。税理士として仕事をしていた時は全く知らない世界でしたので，とても刺激的で，学ばせていただく毎日です。

Q5　診断士資格を取らなかったら，どのように今が違ってきていると思いますか？

A5　診断士を取らなくても，おそらく30歳で独立（税理士として）はしていたと思いますが，3つの面で今とは大きく違っているのではないかと感じます。
　1つは，自社の経営についてです。そもそも独立する際に，どのセグメントでどうポジショニングをとっていくかなど，マーケティングの視点は診断士を目指さなければわからなかったものと思います。税理士といえども，ヒト，モノ，カネ，情報に乏しい零細企業には変わりありませんので，限りある経営資源をいつ，何を，誰に対して投資していくかは重要な経営判断です。診断士をとっていなかったら，もしかしたら場当たりな経営になっていたかもしれません。
　2つ目は，対顧客についてです。理論と実践にはどうしても乖離がでてきます。しかし，理論を知ったうえでの実践と，実践だけの経営では大きく違います。その意味で，日々経営課題に向き合い，よりよい商品・サービスを開発している経営者の皆様に対し，一定の理論と実践を踏まえたアドバイスをすることができるのは，診断士を通して得た貴重な財産だと考えています。
　最後の3つ目は，お仕事の"幅"と"深さ"です。私が身を置いていた税理士業界はまさに"士業（さむらい）"の名の通り，良くも悪くも皆が独立しており，他の事

務所や税理士とはあえて積極的には関わらないという風土があります（税理士会などの活動は別ですが）。その点，診断士に合格して最も驚いたことが，診断士ネットワークの“強さ”と“広さ”です。これは，試験勉強中は全く想定していないことでした。企業の経営課題は多岐にわたります。同様に，診断士としての得手不得手の分野も細分化されています。だからこそ，適材適所の診断士の方々とのつながりは，非常に魅力的であり，これ以上心強いことはありません。こうした様々な専門家の先生方と交流させていただくことで，これまでにない知識や知見，考え方など学ばせていただき，仕事の幅や深さが格段に広がっていると実感しています。


**Q6**　お仕事をされながら診断士資格を取得された際に，ご苦労されたことや，工夫されたこと，学習の継続を支えたものなどがあれば教えてください。

**A6**　自分で目指すと決めたことですから，苦労はあまりありませんでしたが，体力的にはきつかった（笑）というのが正直なところです。仕事が終わるのが夜遅くだったこともあり，家に帰ってから午前2時まで勉強し，翌朝6時に起きて勉強というような日もありました。当然予備校には間に合わず通うことができなかったため，通信教育しか選択肢はありませんでした。特に意識していたことは，「最小の努力で最大の結果を出す」ためにどうしたらいいかということです。そのためには，自分の性格を知るだけでなく，脳科学の本なども読みました。例えば，苦手論点は寝る前と朝起きたときに同じことを繰り返すことで，記憶の定着を図りました。また，昼休みがとれたときは，そそくさとご飯を食べ，残り時間は会議室にこもり勉強したこともあります。当時，何に何時間勉強したかというアプリがあり，それを見ながら勉強時間と成績のリバランスをとっていたことも一定の効果があったと思います。また，予備校は通信制でしたので，受験仲間がいなく具体的にどう勉強していいかわからないことも多かったため，診断士受験支援ブログや，2次対策本などは貪るように読み

漁りました。

　学習の継続を支えていたのは，一言でいえば"好奇心"だったと思います。今まで仕事で疑問だったことが，勉強を通して理解していく感覚がとても楽しかったのを覚えています。また，学んだことを仕事ですぐにアウトプットできる環境もよかったと思います。もちろん暗記は苦手ですし好きではないですが（笑）。また，診断士試験を通して本当にコンサルティングができるのか未知数であり，ある意味ゴールが見えない分がむしゃらに高みを目指すことができたのかもしれません。

Q7　これから資格取得を目指す方に，資格取得後も見据えた場合の考え方や仕事面，資格取得面で工夫・アドバイスなどをいただければと思います。

A7　「何のために診断士を目指すのか？」という一点に尽きると思います。当然のことですが，診断士だけが素晴らしい仕事ではありませんし，資格を取ったからと言って必ず報われるとも限りません。だからこそ，この問いかけに対する明確な答えもっているかどうかが最後の最後でボディーブローのように効いてきます。勉強がつらい時も，合格後の仕事で行き詰った時も，この自分自身の原点に立ち返ることはとても重要だと感じます。

　また，国家試験は期限を決めることも大切です。時間は有限です。また，環境は変化します。そうした制約の中で最大限の力を発揮できるよう，いつまでに合格するのか最終期限を自分で決める"覚悟"が重要です。それは，診断士の仕事自体がまさに一期一会の連続であり，決断の連続だからです。日ごろからの徹した準備と覚悟が，合格後の仕事に活きないわけがありません。

Q8　これからのご自身のお仕事や，生活の向上，専門性の向上，これからのビジネスの変化などについて，自由にお考えをお聞かせください。

**A8**　お陰様で今年，独立満5年を迎えます。自分で考えてきた区切りの年になります。この5年間で今後10年，20年の基盤となる仕組みづくりをしよう！　との思いで取り組んできました。振り返ってみると，まだ至らないところばかりが目につきますが，一定の成果は出せたのではないかと考えています。特に，自分自身が創業・起業のステージにいることもあり，同じ立場にいる起業家支援のお仕事は，とてもやりがいを感じています。

　これまで培ってきたノウハウや経験をさらに飛躍させていくため，自社の提供するサービスを内外チームとして提供できるよう，今後はさらに仕組みづくり，ネットワークの構築をしていきたいです。また，資金調達支援の手段として，クラウドサービスやフィンテック分野の中小企業への活用は，益々広がり一般化していくと考えていますので，積極的に取り組んでいきたいと考えています。

　これまで，本当に多くの方とのご縁のお陰で今があると思っています。引き続き一緒にお仕事をさせていただけることに感謝し，また，自社スタッフにとっては本人の理想へ一歩でも近づけるようなサポート体制を整えていきたいと思っています。また，私自身が未熟者のため，日々新しいことへ柔軟に対応できる度量と時間を確保し，挑戦と感謝の心を忘れずに仕事に取り組んでいきたいと考えています。

Q9　最後に，独立した今だから思う"独立成功のポイント"をお聞かせください。

**A9**　成功の定義は人によって異なると思います。私が考えている成功には終わりがないため，とても歯切れがいいことは言えないのですが，一般的に独立してご飯が食べられるようになったという意味においては，大切にしていることがあります。

　それは，"当たり前のことを当たり前にする"という一点です。今でもでき

ていないことがありますが，だからこそ意識しないとできなくなるのだと思います。例えば，自ら挨拶をする。相手の話を最後まで聴く。引き受けた仕事はやり抜く。お世話になった方への御礼を忘れない。自分の専門分野を磨く。感謝を言葉に表す。などです。

　どれも当然のことですが，独立すると声を大にして怒ってくれる人が少なくなるため，いつの間にか自分の都合のよい人の意見だけを聞き，結果として自分がすごい人間だと勘違いしてしまう恐れがあります。その結果，当たり前のことが当たり前にできなくなってしまう悪循環に陥るのです。今の自分があるのはこれまで築きあげていただいた諸先輩方の道があったからで，自分ひとりの力だけでは限界があることを忘れないようにしたいです。また，私が好きな文豪吉川英治氏の言葉に「我以外皆我師」という一節があります。どんな物事，人，出会いからも学べることは必ずあるという意味だと理解しています。と同時に，そうした周りへの配慮や感謝を忘れずに，今後も目の前の仕事一つ一つに励んでいきたいと考えています。

＜中小企業診断士資格取得後の活用事例　２＞

中小企業診断士

**菅生　將人**（すがお　まさと）**氏のケース**

中小企業の経営者であり支援者。現場経験を活かした
食品流通のスペシャリスト。"魚も捌ける" 築地出身ブ
ルーカラー診断士。

Q1　現在のお仕事内容について教えてください。

**A1**　まず，２つの立場で仕事をしています。１つ目は経営者としての仕事で
す。実家が祖父の代から魚介類卸売業を営んでおり，2016年４月に３代目と
して代表取締役に就任しました。卸売業に特化しており小中学校や老人ホーム
等へ給食食材として魚介類を納めるのが業務内容です。２つ目は個人事業主と
しての経営コンサルタント業です。家業の魚介類卸売業は父母が現役で活躍し
てくれているため，経営者として必要な仕事のみを担当し，経営コンサルタン
トの仕事に軸足を置き，日々活動しています。

　経営コンサルタントとしては，大きく分けて４つの業務をしています。

　１つ目は民間企業への顧問契約による経営支援業務です。基本的には月１回
顧問先企業に訪問し，経営者や幹部社員から様々な相談を頂きます。そして，
相談内容に対するサポートを行っています。

　一例をあげると，顧問先企業が新商品開発を検討した場合，活用できる補助
金や支援制度の検討から始め，新商品の企画検討，サンプルの製造，委託先の
デザイナーや販促資材会社等外部関連企業との調整，バイヤーへの商談アポイ
ント，商談サポート，催事出店準備まで行います。

　私の場合は企業幹部の方と共に業務を行うことを重視しています。経営顧問
の立場で関わらせてもらっていますが，私自身年が比較的若いこともあり，か
つては業務として丸投げで任されてしまうこともありました。私が代わりに何

かをするだけでは本質的な企業の成長にはつながらないことが多いため，担当社員をつけて頂き，一緒に活動することでノウハウを会社に取り込んで頂けるよう工夫しています。

　2つ目は，公的機関での専門相談員としての仕事です。専門相談員と表現しましたが，役職名は様々です。私の場合は創業支援の専門家として創業支援施設のインキュベーションマネージャーとして創業支援や，ある法認定制度のチーフアドバイザーとして制度普及・認定後のアフターフォロー等を行っています。いずれのケースも月当たり何日という形で契約になり，年間を通じて決められた日数をその機関の名刺を持ちながら，活動します。専門家として専門知識を発揮することが大切ですが，機関で仕事をさせて頂くことを強く意識し，支援機関の方針や考え方を厳守しながら活動することを心掛けています。

　3つ目は，公的機関からの専門家派遣の仕事です。専門相談員の仕事と少し似ていますが，専門家派遣の仕事は3〜10回といった回数限定で相談対応を行う業務です。現在は首都圏以外にも，秋田県，山形県，新潟県，栃木県の支援機関から依頼を頂戴しています。

　回数が限られており戦術的な支援依頼がほとんどですが，戦略も意識し，支援を行うように心掛けています。

　4つ目は，セミナー・研修等の講師業務です。私の場合は研修会社からの依頼は少なく，支援機関からの依頼にて講師を行うことがほとんどです。創業者向け・飲食店向け・食品関連業者向けに，新食品開発・6次産業化・販路開拓・販売促進・営業展開・プレゼン等の内容で話をしています。受講生を鼓舞することを意識し，そのために楽しませるセミナー・研修を行うようにしています。

　リスク分散のため，4つの業務をバランスよく行うよう意識しています。

Q2　独立に至るまでの経緯や，略歴，現在のお仕事の中心となるご専門の分野について教えてください。

**A2**　大学卒業後，ベンチャー企業に憧れて，ある物流商社に就職しました。しかし，仕事に馴染めず1年で退職，その後は父が経営する魚介類卸売業にて水産物の調理業務を行っていました。5年程働いた頃，社会での経験が少ないまま，家業を継ぐことになって，大丈夫なのだろうかと漠然と思うようになり，養殖魚を扱う食品メーカーに就職しました。

　この食品メーカー在籍時の出来事が，経営コンサルタントを目指すきっかけになります。

　それは，食品メーカーに入社後，自分自身の営業活動で初めて契約を取り，大変お世話になっていたある顧客先企業が契約スタート後，数年後に倒産してしまったことです。食品メーカーはリテールサポートを徹底している業界です。私は新人ながらも，その企業に対し，売り方提案や販促資材の提供，試食販売等を行っていました。そんなこともあり，倒産により大きな衝撃を受けるのと同時に自分自身の力の無さを強く感じたことを覚えています。自分が育ててもらった家業である魚介類卸売業もこの会社と同じ中小企業であるため，倒産が他人事に思えなかったのかもしれません。そして，リテールサポートではなく，経営面の直接的な支援に興味を持ち，中小企業診断士の資格に出会ったのです。

　その後，食品メーカーから築地市場内荷受に転職しながらも猛勉強を継続し1次試験を突破，中小企業大学校東京校中小企業診断士養成課程にて経営コンサルタントとしての基礎知識や支援方法を学んだ上で，独立に至りました。

　独立後，8年が経ちましたが，現在も一番の専門分野は食品流通分野です。物流・食品加工・食品流通（市場内・市場外）を社会人として学んできたことで，その後の経営コンサルタントとしての仕事に活きています。

　それ以外に，独立後に縁があり7年間インキュベーションマネージャーを担当させて頂いていることもあり，創業支援が専門分野になりました。

Q3　これから学習をはじめる方の参考として，プロフェッショナルな一週間分の典型的なお仕事スケジュールについて，おおまかに教えてください。

**A3** 以下は，ある週の私のスケジュール表です。現在は週休 1.5 日ぐらいで働いています。夜間や早朝を使って経営者としての業務や経営コンサルタント業の事前準備等をこなし，残りの時間は支援現場に入っています。子供が 3 人おり，家族との時間も大切にしたいため，夜間の仕事は控えめにし，子供と過ごす時間をできる限りとれるよう意識しています。

　共働きであるため，仕事に家庭に日々全ての時間を使い，息抜きの時間はほとんどない状態ですが，自分自身がやりたい仕事ができているため，充実しています。

| | 月 | 火 | 水 | 木 | 金 | 土 | 日 |
|---|---|---|---|---|---|---|---|
| 4時 | 起床 | 起床 | 起床 | 起床 | 起床 | 起床 | 起床 |
| 5時 | 事務作業 | 事務作業 | 事務作業 | 事務作業 | 事務作業 | 事務作業 | 事務作業 |
| 6時 | 朝食 | | | | 朝食 | | |
| 7時 | 移動 | 家事・育児 | 家事・育児 | 朝食 | 移動 | 朝食 | 家事・育児 |
| 8時 | | 朝食 | 移動 | 移動 | | 家事・育児 | 朝食 |
| 9時 | | 移動 | 某支援機関 | | | | 移動 |
| 10時 | 某支援機関チーフアドバイザー | 専門家派遣 | 創業指導員 | セミナー司会 | 顧問先企業 | | セミナー講師 |
| 11時 | | | | | | | |
| 12時 | 昼食 | 昼食 | 昼食 | 昼食・移動 | 昼食 | 昼食 | 昼食 |
| 13時 | 某支援機関チーフアドバイザー | 移動 | 某支援機関 | | | | セミナー講師 |
| 14時 | | 専門家派遣 | 創業指導員 | 某支援機関チーフアドバイザー | 顧問先企業 | 家事・育児 | |
| 15時 | | | | | | | |
| 16時 | | | | | | | |
| 17時 | 移動 | 帰宅 | | | 移動 | | |
| 18時 | | 家事・育児 | 帰宅 | 移動・夕食 | | | 帰宅 |
| 19時 | 帰宅 | 夕食 | 夕食 | 専門家派遣 | 夕食 | 夕食 | 夕食 |
| 20時 | 夕食 | 家事・育児 | 家事・育児 | | 家事・育児 | 家事・育児 | 家事・育児 |
| 21時 | 就寝 | 就寝 | 就寝 | 家事 | 就寝 | 就寝 | 就寝 |
| 22時 | | | | 就寝 | | | |

スケジュール表の内容をもう少し詳しく説明します。

◎月曜日

　月曜日は某支援機関チーフアドバイザーとして，新潟県内の事業者を2カ所回りました。上越新幹線燕三条駅でレンタカーを借りて，企業を訪問します。チーフアドバイザーの仕事では新潟県・群馬県の企業をメインで担当しているのですが，エリアによっては冬季は雪が降るため，少し余裕を持って移動するようにしています。

◎火曜日

　2つの別々の支援機関から依頼を頂いた専門家派遣を午前・午後1件ずつ訪問します。専門家派遣の内容は様々ですが，食品流通が専門であることもあり，食品を扱う小売店や飲食店向けの支援依頼が多い状況です。

◎水曜日

　某支援機関の創業支援施設に出勤し，入居している企業の面談を行います。創業支援施設は創業指導員が複数在籍し，専門分野を考慮した上で，担当する事業者を決めて継続支援を行っています。

◎木曜日

　午前中に，創業支援施設が主催するセミナーの司会を担当しました。自分自身ではなく，知人講師に話してもらうセミナーです。午後からは某支援機関のチーフアドバイザーの仕事で神奈川県内の企業に立ち寄り打合せ，夜間は専門家派遣として某商工会の特産品開発委員会に専門家として出席しました。

◎金曜日

　新潟県内の顧問先に訪問します。この日は新商品開発の状況確認と，販路開拓方針の検討，催事出店に向けた準備を行いました。終日の勤務ですが，移動時間があるため顧問先企業にいる時間は10時〜16時ぐらいでしょうか。

# 第2章

◎日曜日

　某金融機関・某支援機関からの依頼で創業セミナーの講師を担当します。創業セミナーは後輩診断士とタッグを組み，専門分野を考慮した担当割を行い，講義を進めていきます。

Q4　現在のお仕事に診断士資格を取得したことは活きていますか？

**A4**　もちろん活きています。中小企業診断士を取得していなかったら，現在の仕事はできていなかったでしょう。中小企業診断士の資格があるからこそ，顧客からの信頼を得て依頼につながっています。また，中小企業診断士の資格が支援機関の専門家登録要件の一つになっていたこともあったように思います。

　しかし一方で，中小企業診断士の資格だけではゼロとは言いませんが，仕事をもらうことは難しいでしょう。私が活動しているフィールドである中小企業支援の現場には，中小企業診断士の資格取得者がたくさん活躍しています。中小企業診断士の知識だけを活かした支援であれば，その優秀な方々の中から，私を選んでもらうことは難しいでしょう。

　現在お仕事を頂けているのは，中小企業診断士として独立する前の食品流通業界での経験があるからだと捉えています。また，私は全国的に見ても少ない，築地市場内の荷受（競りを開催する会社）での勤務経験，つまり市場での勤務経験がある珍しいキャリアの経営コンサルタントです。そういった特徴から，お声がけ頂いている案件も多いように感じます。

　過去の経験がなぜ仕事に活きていくのか，私は大きく2つ理由があると考えます。1つ目は業界の言葉や習慣がわかることです。経営コンサルタントは，企業の経営者や幹部の方と話をする機会が多くあります。その際，業界のことを知らないと，経営者の話の内容を完璧に理解することが難しくなります。逆に業界の言葉や習慣を理解していると，信頼度も上がり，本音を話してくれることが多くなるように感じます。

　2つ目は現場を知っていることです。百聞は一見に如かず。まさにその通りで，自分で見たことや経験したことかどうかで，支援先企業に対する理解度が変わり，結果として支援の具体性が変わってくると感じています。

　また，支援機関等の依頼主は，我々経営コンサルタントの専門分野を意識し，専門家を選んでいます。どんな専門分野を持ち勝負していくのか，これから独立される方にはぜひ押さえておいてほしいところです。


Q5　診断士資格を取らなかったら，どのように今が違ってきていると思いますか？


A5　私の場合，全てが違うのではないかと思います。未経験からこの業界に入っていますので，中小企業診断士の資格がなければ，そもそも土俵に上がることができなかったでしょう。ちょっと前まで築地にいた魚屋出身の自称コンサルタントの経営支援を受けたい方はほとんどいないのではないでしょうか。中小企業診断士という国家資格の信頼があってこそ，仕事を頂戴できていると捉えています。中小企業診断士の資格に対する感謝の想いを持っています。


Q6　お仕事をされながら診断士資格を取得された際に，ご苦労されたことや，工夫されたこと，学習の継続を支えたものなどがあれば教えてください。


A6　中小企業診断士の資格取得を目指していた頃は，食品メーカーと築地市場内荷受に勤務していました。いずれの会社も市場のお休みに合わせた勤務体系のため，週休1.5日平均だった印象です。残業も多く，平日は夜間の少しの時間帯しか，自由に使える時間はなかったような状況でした。そんな中，とにかく使える時間は全て，資格取得のための勉強に使いました。通勤時間や営業先企業に訪問する際の移動時間，お風呂に入る時間，全ての時間を使って，ひ

たすら勉強していたことを思い出します。とにかく繰り返して学んでいくことで知識につなげていきました。参考書や教科書はボロボロになっていましたね。不器用な分，ひたすらのめり込んだことで合格につながったのではないでしょうか。

　一次試験対策として資格の学校に入校した際は，講義についていくのが大変で不安になることが多かったのですが，中小企業診断士の一次試験に合格する直前には，資格の学校内での模試テストでも常に上位に入っていた気がします。継続は力なりということなのかもしれませんね（笑）。

　学習の継続を支えたのは，中小企業支援に対する想いでしょうか。当時はかなり漠然としていましたが，中小企業診断士の資格を取得することで，中小企業支援の現場に入れると信じていました。お世話になった企業の倒産という衝撃が，資格取得に向けた想いにつながり，継続できたのでしょう。


Q7　これから資格取得を目指す方に，資格取得後も見据えた場合の考え方や
　　　仕事面，資格取得面で工夫・アドバイスなどをいただければと思います。

A7　これから資格取得を目指す方へのアドバイスですが，私が独立系診断士であるため，独立系診断士を目指す方に向けたアドバイスにさせてください。

　独立を目指す方にはとにかく専門分野を持つことを強く意識してほしいです。専門分野は本で学ぶことのみで作れるものではないように感じます。一番早いのは現在行っている仕事を専門分野とすることでしょう。私の場合は全く意識しない中，うまく食品流通という分野の中で様々な経験をすることができました。欲を言えば，この食品流通業界の中で小売店バイヤーの経験をすることができたら，独立時点での専門性はより一層磨かれたのではないかなと考えることがあります。

　是非，専門分野を作り，専門分野の中で様々な立場で様々な業務を担当し，力をつけておいていただけると良いのではないでしょうか。

　稀に，独立前の仕事が嫌で嫌で仕方なく独立する方もいますが，その嫌だったころの経験を活かして専門性を出していかなければ，中小企業支援の現場で選んでもらえないと思います。そういった方にとっては矛盾しているかもしれませんが嫌だった業界での経験こそが，独立後の専門性につながるわけです。

　そして，独立する前に，考えてほしいことがもう一つあります。それは収入面についてです。独立すると収入が上がるイメージを持つ方がいますがとんでもない。確実に一度は収入が下がると捉えてください。経営コンサルタントの仕事は1から10にすることよりも，0から1にすることが大変です。私も独立後に0から1にすることに大変苦労しました。よっぽどのキャリアや経営コンサルティング業界での経験がある方を除き，この点は共通しているように思います。0から1にするための期間，つまり収入がより少ない期間を想定し準備を整えて，独立を目指してくださいね。

Q8　これからのご自身のお仕事や，生活の向上，専門性の向上，これからのビジネスの変化などについて，自由にお考えをお聞かせください。

**A8**　現在は経営コンサルタントとしての仕事が9割，経営者としての仕事が1割の状況ですが，これからの10年で経営者としての仕事の割合を増やしていく必要があります。自分を育ててくれた家業の魚介類卸売業を安定させつつ，完全に私の代として父母の負担を減らしていかなくてはいけないためです。経営コンサルタントの仕事は非常にやりがいがあり楽しい仕事ですが，あくまで後方支援の仕事だと捉えています。最終的には我々の支援を活かして，経営者が最終判断をするのです。経営コンサルタントとして経験を積んできましたが，経営者としては新米です。経営者としての経験を積み，経営コンサルタントとして得てきた知識を生かしながら，発展を目指していこうと思います。

　そして，魚介類卸売業の経営と，経営コンサルタントを完全に両立するという欲張りな夢を実現したいと思います。

Q9　最後に，独立した今だから思う"独立成功のポイント"をお聞かせください。

**A9**　まず成功と呼んでいいのかはばかられます。経営コンサルタントとして生計を立てていますので，そういう意味で独立は成功したのかな。小さな小さな成功であることをお許しください。

　ポイントは3つあると捉えています。1つ目は0から1にすることを，恩師や先輩診断士がサポートしてくれたことです。中小企業大学校を卒業後，最初の1年間は仕事が少なく生活していくことが大変でした。そんな中，実績のない私に仕事を提供してくれた恩師が何人かいました。当時，自分だけの力ではなかなか仕事をもらうことが難しい状況でしたが恩師の紹介であるため，依頼元からの信頼は厚く，0から1にすることが比較的容易にできました。

　そして，ある恩師との出会いが大きく，自分の人生を変えました。その恩師は地域の中小企業や支援機関を顧客とするコンサルティングファームを経営していました。独立した際は私の面倒を積極的にみてくださり，さらに苦しんでいる私をみて，自分の会社の役員に引き上げ，徹底的に仕事を出してくれたのです。中小企業支援の分野で経験がなく，0から1にすることに苦労していた自分が，その恩師のおかげで様々な支援機関や顧客企業とつながるようになります。1から10にしたのは自分の努力も少しはあったかと思いますが，0から1にできたのは確実にその恩師のおかげです。家業を継ぐタイミングでその会社の役員は退任しましたが，いまも恩師やその会社への感謝の気持ちを忘れる日はありません。

　私はその恩師との出会いが大きかったのですが，独立して成功している方は，やはり仕事を増やすきっかけ，つまり0から1にする何かを持っていた方が多いように感じます。

　例えば，前職とのつながりがあり，そこから一定の仕事を得られるとか，研修会社と強くつながっており，研修の仕事をそれなりにもらえるとか，きっかけがある方が成功する可能性が高いのではないでしょうか。

　2つ目は専門性があったことです。この分野なら「菅生さん」と思ってもらえるような分野が，独立前の社会人経験の中で培ってこれたことが活きていると捉えています。市場関連や水産関連に詳しい専門家は全国的に見ても少ないでしょう。その分野の経験をしてきたことで，その分野はもちろん，その周辺の食品流通という切り口で仕事をさせてもらえるようになりました。独立後，ご縁があって創業支援の仕事もさせて頂き，仕事として大きな柱になっていますが，よくよく考えると自分自身が経営コンサルタントして独立するといった経験が活きているように思います。

　3つ目は商売人としての基礎的な考えや振る舞いを身に着けていたことです。実家が魚介類卸売業を経営していたため，私は小さいころから父母が仕事をしている姿を見て育ちました。小学生になった頃から，仕事の手伝いをしていたので，自然と商売人としての基礎的な考えや振る舞いを身に着けていったのでしょう。小学生の頃には電話番もしていて「いつもお世話になっております，菅生食品です。」と受け答えをしていました。父母がお客様に接する際の姿勢を見て，お客様を大切にしなくてはいけないことを自然と理解しましたし，何かトラブルがあれば頭を下げて謝らなくてはいけない，逆にお世話になった際は，ご恩を忘れず，そのご恩に報いることをしなくてはいけない，そういったことを自然と学んでこれたことが大きいと思います。もちろん父母のようには今もできていないのですが（苦笑）。

　そんな当たり前のことと思われるかもしれませんが，経営コンサルタントとして活動していると「○○先生」と呼んでもらうことがあります。独立した際はみな謙虚なのですが，しばらくすると○○先生としての立ち振る舞いになってしまう方も多くいるように思います。そういった方々はそれでもうまくやっているので良いのかもしれませんが，私はルーツが異なります。経営者の後方支援を仕事にしているので，当たり前のことではありますが謙虚な気持ちが何よりも大切だと感じています。

<中小企業診断士資格取得後の活用事例　３>

中小企業診断士

# 青木　洋人（あおき　ひろと）氏のケース

ないない戦略で独自のビジネスモデルを構築中。診断士という枠組みをどう越えていくかが課題の，中小企業診断士。

Q１　現在のお仕事内容について教えてください。

**A１**　いくつかの内容に分かれていますが，顧客数的にも売上的にも多いのは金属加工系の製造業者さんの支援です。事業計画づくりや法人成り，事業承継，事業再生，補助金申請支援など様々なステージやテーマの支援に対応しています。

　もう一つは農業系の事業者さんの支援です。農業における販売支援や生産合理化支援，事業再生などをテーマにこれまた一つの専門分野に偏らず対応しています。この分野については診断士という枠組みを越えた活動もしておりますが，２～３年後の事業化を目指し現在は種をまき肥やしを与えている状態です。

　もう一つは，サービス業（主にクリーニング業）を中心とした商圏の小さな店舗ビジネスの販促設計と実施支援です。

　私は企業研修に対応したことは今までありませんし，セミナー・講演の類は６年弱で延べ10回はやっていないと思います。執筆は本の中の部分執筆を２～３回行っています。

　発注別で言いますと，公的支援は全体の１～２割程度，ほとんどの仕事は民間企業から受注しています。

　私の仕事内容の特徴は，固定的な仕事がないことです。業界内でもこういうスタンスの人は非常に少ないと思います。こうなったのには，自分が根っから組織人ではないこと，あまりあくせくせずともいざとなったら路上で弁当を販売しても食っていける，という悪い意味での開き直りがあると自己分析しています。

Q2　独立に至るまでの経緯や，略歴，現在のお仕事の中心となるご専門の分野について教えてください。

**A2**　私は，地方大学の農学部を卒業後，地質調査の会社に入社し技術者として社会人のスタートを切りました。その後，技術営業に携わりましたが，約15年勤務した会社は倒産。その後，勤め人に見切りをつけ個人事業主としてキッチンカーによるランチの製造販売業に携わりました。今も国際フォーラムなどでネオ屋台村というのがありますが，あちらに出店していたのです。しかし，キッチンカーの経営は売り上げの天井が見えてしまいこれ以上続ける意味を感じられなくなって，3年で廃業し再び勤め人となりました。

　飲食関係の外商に携わった後，大手クリーニング会社でスーパーバイザーとして直営店舗の管理業務を行いました。この会社での勤務中に診断士試験を受け2010年に二次試験に合格し2012年に登録，2013年に独立しました。ちなみに同じ時期にクリーニング師という資格を取得しましたが，この資格のおかげで時々クリーニング会社の仕事についてお声がかかります。

　社会人として最初の数年は技術者として働き，地質調査技師と技術士補（応用理学），測量士を取得し，技術士も目指していましたがその後は営業，接客，販売一筋です。

　学校でだけでなくそれぞれの企業，事業，業界で様々なことを学びましたが，どの経験一つをとっても現在の仕事に役に立っていると感じています。特に，知名度の低い社名の看板を背負ってのどぶ板営業的な手法とノウハウを体に染みつけたことは，現在の自分にとって一番大きな財産となっています。

Q3　これから学習をはじめる方の参考として，プロフェッショナルな一週間分の典型的なお仕事スケジュールについて，おおまかに教えてください。

**A3**　私には，毎週○曜日にXという場所で相談業務に携わります，といっ

た定型的な業務は皆無です。常にスケジュールは行き当たりばったりです。また，企業研修とセミナーの仕事も少ないため，数カ月先から埋まる予定というものもほぼありません。従って典型的な仕事スケジュールと言えるようなものは一切ありません。

　例えば一週間ずっと同じデスクワークに携わっていることもありますし，一週間あちこち飛び回っていることもあります。

Q4　現在のお仕事に診断士資格を取得したことは活きていますか？

**A4**　とても役に立っています，といいますか資格を取得したからこそこの世界で生きていけていると思っています。

　特に，二次試験を通して身につけられた顧客から聞き出したことを整理整頓して，この後どうすると良いか？　ということを提案する力は現在の仕事に大変役に立っています。

　資格取得をゴールとして設定する方もいるでしょうし，ステップアップのためと考える方もいらっしゃるでしょう。どの様なスタンスでも良いのですが，苦労して取得した資格の試験で得られた知識や考え方をその後の人生に活かさないなんてもったいないと思います。もちろん，何をどう活かすかはご本人次第です。

Q5　診断士資格を取らなかったら，どのように今が違ってきていると思いますか？

**A5**　たらればの話にお答えするのは難しいのですが，資格を取得出来ていなければ今もクリーニング会社のスーパーバイザーとして多忙な日々を過ごしていたことと思います。

Q6　お仕事をされながら診断士資格を取得された際に，ご苦労されたことや，
　　工夫されたこと，学習の継続を支えたものなどがあれば教えてください。


**A6**　一次試験は，ひたすら記憶し，知識をつけるだけかと思いますので，若
ければ若いほど取り組みやすいと思います。私は記憶力が常人の25%程度し
かないうえに40歳過ぎてからの挑戦でしたので一次試験は本当に苦しかった
です。

　二次試験は知識や考え方を自由に駆使できるかが試されます。私は，自主勉
強会に入って過去問に何度も何度も取り組むことで，取り組み方を身に着ける
ことが出来たと思っています。また，気持ち的にも受験生同士で励まし合い，
切磋琢磨し合うことで最後までやる気を維持でき，なんとか頑張りきれました。

　私が合格できたのは，お世話になった「ねくすと勉強会」のおかげであると
感謝しています。

　勉強会では，独自のメソッドなどもちろんありましたが，自分の弱点や課題
と向き合い自分の課題解決を自分で行うというスタンスで勉強に取り組んでい
ました。

　二次試験には，○×法とか△□先生メソッドとか色んな手法があるように聞
きますが，唯一絶対の方法といったものはないように思います。ですから，こ
の受験校に入って有名な×◇先生から習ったからとかこの会で学んだからとか，
それだけでは合格しません。

　二次試験は自分との戦いです。そこを理解せずに手法にとらわれていては，
合格に届かないのではと思います。

　ちなみに，私が二次試験合格のために心がけていたことは以下の通りです。


① トコトン自分の頭で考える

　とにかく専門学校の回答や合格答案等を全く目にせず，自分の頭で考えて回
答することに拘りました。当然，自分のクセ全開で書いた回答はつっこみどこ
ろ満載で勉強会の議論では集中砲火を浴びるどころかまるで相手にされず，他

の受験生の皆さんとの差の大きさを思い知らされました。勉強会の議論では
まるで相手にされませんでしたが、ここで自分のクセを嫌というほど思い知ら
されたことが結果として自分にとってどれだけプラスになったか図り知れませ
ん。なんといっても自分の悪いクセを早いうちに知ることが出来たのです。ま
ずはその悪いクセ【与件から外れて妄想を膨らませる】ことが読み取れたこと
だけでも大収穫でした。

② 与件の中に書かれていることを整理整頓する

　自分の妄想癖が一体どこから来るのか？

　与件と設問と自分の回答とを突き合わせて考えていくうちに見えてきたこと
は【与件に書かれている情報を正確に読み取れていない】という致命的な欠点
です。

　そう、できるだけ早く読もうとするあまり読み飛ばし、誤読、与件内での因
果関係を正確に読み取れていない、といった現象が生じていたのです。

　そこで、自分は社長がどんな思いで何をして、その結果どんなことが生じた
か？　を事例ごとに書き出し、事例内での因果関係を丁寧に解きほぐすことで
与件の整理整頓を必ず行うようにしました。

　この作業は恐ろしく時間がかかり面倒でしたが、与件を作っている出題者の
クセや訊かれていることとそれに応えるための材料のレベル感が次第に鮮明に
なってきました。

　与件の整理整頓は私の用語なので判りにくいかもしれませんが、私的にはこ
の作業を繰り返したことで得られたものは大変大きかったので、与件の読み飛
ばしや文章に因果が繋がっていないという指摘をしばしばされる方は自分なり
に一度やってみることをお勧めします。

③ 与件の言葉を使い訊かれていることにキチンと応える

　2009年の試験を終え、落ちたことを確認した後は自分の再現答案と徹底的
に向き合いました。この時が診断士試験を受けた中で一番苦しく辛かった時期

でした。

　しかし，この再現答案と向き合って乗り越えなければ絶対に自分の進歩はない！　と信じ歯を食いしばって向き合いました。自分が書いた再現答案は可愛さもありますが，やはり自己を正当化しようとするあまり曇りのない目で向き合うことが難しいものです。

　一番大事な論点に気づいているんだからそれを書いてあればOKでしょ？とかココは他の受験生がちっとも気づいていない論点なんだから採点を甘くしてくれてもイイじゃないとか，再現答案の自己正当化を知らず知らずのうちに行っていた結果，目にフィルターが掛かっているんですね。ココを素直な目にできるようにするために，本当に苦労しました。

　そのフィルターを引っぺがし，何度も何度も繰り返し与件を読み，再現回答を読み，結局気付いた点は一つ。訊かれたことに対してキチンと応えていないよね，ということでした。

　この試験では盛り込む内容も重要ですが，それを書き込む入れ物というか体裁もとっても重要なんだと気付いたのがこの時です。訊かれたことに対してドンピシャで答える体裁と，大外ししていない内容がキチンと盛り込めていれば，まず受かるんじゃないかと漸くぽんやりと見えてきました。

　この時以来，与件文からのコピーアンドペーストをなんの後ろめたさも感じず堂々と行えるようになってきました。また，密かにバカにしていた「理由は…」「根拠は…」「短所は…」といった重複する主語を臆面もなく多用するようにもなってきました。こういった主語は，訊かれたことにキチンと応え外さないようにするために非常に有用であると，今は心から思っています。

④　他人にあれこれ言われたことを一々全部とりいれず，一度自分の中で咀嚼してから取り入れる

　合格した○×さんがこう言ったからそれを取り入れた，とかみんながやっているから写経をする，とか仰る方がいらっしゃいます。もちろん人に言われたことを素直に受け入れて実行することは，合格への近道です。

でも，ある程度勉強が進みますと自分固有の課題を其々のやり方で解決していく必要性に迫られます。そんな時に，ああ言われたからこうしたとかこう言われたからああしたとかいうのでは，あまりにも主体性がなさ過ぎます。

自分固有の課題は，あくまでそれを抱えているその人だけの課題なんです。ですから，その解決策はやはり自分で見出すしかありません。

例えば，私は2010年に関して言えば模試を一切受けませんでしたし，金輪際写経なんてしたこともないです。

でも，合格者に言われて始めたわけではない自分独自の手法である与件の整理整頓はどんなに時間がなくとも目の色変えてやりました。

これは自分だけこうするといって我を張っていたのではなく，自分の課題解決に必要なことはしたけれど不要だと思われることは切り捨てていたということです。ただ，受験生が自己判断で課題がこうだと決めつけてしまうと，回答が変な方向に向く可能性があると思いましたので，回答のチェックだけは逐次過去の合格者さんにお願いしておりました。

言われたからやる，じゃダメなんです。言われたことを元に自分のダメなところ見つけ出し，そのためにどうするかを【自分で考え】，解決のために計画を立て，実行し，チェックしてもらうというプロセスをキチンと踏まえなければ自分独自の課題は絶対に解決できません。


Q7　これから資格取得を目指す方に，資格取得後も見据えた場合の考え方や
　　　仕事面，資格取得面で工夫・アドバイスなどをいただければと思います。


**A7**　受験生はそれぞれの生活や仕事がありますから，資格取得のために割くことのできる時間と金銭的な負担，家庭生活への負担を予めよく検討しておくことが必要不可欠かと思います。

その上で，限りある時間と金銭と家庭生活の中でこれから先の受験勉強のために何をどれだけ使っていくか？　については家族とも十分に話しておくと良

いと思います。私が見ていた中では，この辺を上手くマネージできなかったとか業務上のステージが変わったなどの要因で，実力はありながら中途退場する方が多かったように思います。

　一発合格の方はある程度いらっしゃいますが，無勉強とか1～2カ月の勉強で合格という方は極々稀です。そういう意味では受験対策期間はある程度長丁場となります。従って，受験に取り組むための環境整備や外部環境変化への事前準備はある程度行っておくことが大切ではないかと考えます。

　わずか1～2年の資格取得のために，自分と仕事と家庭を上手くコントロールすることもできない様では家族や職場に理解して貰って独立することなど，難しいのではないでしょうか？

　そういう意味でも，試験勉強に取り組むということ自体を一つのプロジェクト管理として捉え，行き当たりばったりではない必然の合格を勝ち取ってみてください。その後のコンサル人生にとって，きっと有用な経験になるかと思います。


Q8　これからのご自身のお仕事や，生活の向上，専門性の向上，これからの
　　　ビジネスの変化などについて，自由にお考えをお聞かせください。


**A8**

• **これからの仕事**：現在の業務の分散状態は適度で，自分的には気に入っています。今後はコンサルティングと呼ばれる業務以外の売上を少しずつ上げていき，売上のポートフォリオをすこしずつ低リスク・低リターン型に進めていく予定です。これは自分の年齢の問題が大きく，ここ1～2年で集中力や根気，注意力が減退しているばかりでなく，知識の吸収力も弱まっていると感じており，現役のコンサルタントとしての力量が下がっていく可能性が高いと踏んでいるからです。残念ながら，緻密で根気のいる仕事については今よりも少しずつ減らしていく方向で考えています。

- **生活の向上**：今よりもさらに低ストレス状態になれれば生活が向上するといえますが，私の様な怠惰な人間はある程度のストレスが必要だとも思っています。

　時間は今の状態で十分にありますので，もう少し仕事を入れたいぐらいです。

- **専門性の向上**：知識の吸収も必要なことであり，少しずつ行っていきますが，個人的には一つのことに対し自分で熟慮し体系化することが専門性の向上に繋がると考えています。我々の仕事は，知識やノウハウを解り易く体系化し，自由自在に活用できるようにする能力が重要になります。少しでも多くのテーマで熟慮と経験を重ね，独自性のある体系化された知識を構築してください。そうすれば，自分だけの切り口での助言や解決策をお客様に示すことが出来ます。

　これこそが，その人ならではの専門性と言ってよいのではないでしょうか？

- **これからのビジネスの変化**：新しい技術やビジネスモデルについて常にどん欲に知識を吸収することはとても重要です。私も，努力して新しいことに取り組み身につける様に挑んでいます。一方，ハイテクや新しい考え方は今までの技術やビジネスの問題点や不便な所を改善したり強化したりすることが出発点である場合が多いです。

　ですから，従来の技術やビジネスモデルを熟知しそのメリットとデメリットをしっかりと復習しておくことも，新しいビジネスの変化に対応するうえではとても重要なのではと考えています。

　目新しいことや，流行りのコトバだけに振り回されビジネスの根本の部分への理解が足りませんと，コトバも提案も浅薄なものとなり，顧客の心に響かないのではないかと思います。


Q9　最後に，独立した今だから思う "独立成功のポイント" をお聞かせください。

A9　現在の私が成功しているかというとはなはだ怪しいのですが，自分が事

業を行う上での考え方をお示しします。

　私は，職歴的にも学歴的にも見栄え的にも能力的にも実績的にも突出したものは何一つない，凡庸な人間です。ですから，同業者の成功体験や一般的なビジネスモデルを踏襲していては絶対に一定以上にはなれないということを確信していました。

　従って，他の方がやらない手法，ビジネスモデルを作り上げないことには自分は食っていけないと考えていました。農業系に手を出している一つの理由はここにあります。

　現在の私はHPを持っていません。ブログやメルマガはやっていません。SNSでは仕事のことは極力書きませんし，売り込むツールとはしては考えていません。同業の寄り合いにも出来るだけ顔を出しません。協会のあっせん業務には手を上げません。公的機関での登録は最小限にとどめています。著作は出していません。コンサル会社への登録も現在は一切していません。

　以上のように私はないないづくしを徹底しています。

　これはどういうことかと言いますと，上記の手段を通していては【凡庸な自分】しか提示できないので，【この人だから】という依頼を得られることが難しい，と判断しているのです。

　私の場合，実際にお会いし実態に則したお話をしながら泥臭い支援を行うと，ある程度の結果と信頼を得ることが出来，仕事が継続する場合が多いのでそこからの継続と紹介で業務を繋げています。私がやっていることはこれだけです。

　紹介は士業の事業展開上の王道であるといえばそうですが，ここだけに注力している方は少ないので自分なりのポイントと言えるのでは？　と考えています。

　士業を目指す方は，【営業が嫌い】な方が多いように感じています。

　確かに，この仕事は飛込み営業やアポ取りなど，いわゆる営業活動を行っていても受注は難しいと思います。しかし，公的支援であろうともセミナーであろうとも窓口相談であろうとも顧問先訪問であろうとも，士業にとってはあらゆる場面が営業活動の場です。対応接遇，知識，人柄等々自分のウリをこれで

もかとアピールする場なのです。営業が嫌いな方はこういうことに取り組みたくないのでしょうか？　でも仕事を行う上で，お客様に喜んでもらい自分を好きになってもらうよう努力するのは当たり前のことだと思うのですが。

　仕事を受注するための活動が下手とか上手くないとかいうのはいいと思います。でも，やりたくないということではいかんともしがたいです。

　営業なんか古い，ネットで集客してクロージングしますという方もおいでかと思います。

　しかし，HPや著作で問い合わせがあったとしても，士業は物販と違い必ずクライアントと顔を合わせるわけです。顔を合わせて初めて商談があり，契約となるわけですから接客・販売・営業という段階は，契約をとる上で飛ばすことが出来ないステップなのです。ましてや，コンサルティングを行う上では顧客からのヒアリング，改善提案といった人と人との意思疎通は不可欠です。この過程は営業活動以上に人間力と意思疎通能力を問われます。

　営業をいとわず，楽しむぐらいの気持ちがなければ独立士業なんか営めません。営業がイヤ，とお考えの方は資格なんか取ろうと思わず，今の勤め先で自分のポジションを守っていた方がご自身のためでもあり，ご家族のためにもなると思います。

　独立開業を目指される方は，是非営業や接客への苦手意識を払拭してみてください。例えば，独立後すぐはそんなに仕事があるわけではありませんので，小売店や飲食店，テレアポ会社のアルバイトを2〜3カ月やってみてはいかがでしょうか？　接客販売や電話営業の経験が積めて，今まで経験したことのない仕事の現場感が身について，わずかながらも収入になります。

　こういうことを下らないとバカバカしく感じますか？　何を言っているんだ？　そんなことできるわけないだろとお感じになりますか？

　私見ですが，こういうことを言われた時に「それじゃあとりあえずやってみるかな？」と考えて取り組んでみるようなバイタリティのある方こそが，独立開業に向いているような気がします。

＜中小企業診断士資格取得後の活用事例　4＞

Communicatio（コムニカチオ）　代表
**岡安　裕一（おかやす　ゆういち）氏のケース**

Web マーケティング・クラウドサービス導入による
業績アップ・生産性向上を実現。"農業×IT"のフロン
ティアも切り拓く IT コンサルタント。

**Q1　現在のお仕事内容について教えてください。**

**A1**　現在は，大きく分けると3つの分野の仕事に携わっています。

1つ目は，中堅・中小企業への Web マーケティング支援です。ほとんどの
中小企業が課題として抱えている集客やリピート促進に対して，主に Web の
テクノロジーを使った支援を実施しています。既存の Web サイトに対し，実
際に訪問して必要な情報に簡単にアクセスできるかといった基本的なチェック
を行い，さらにアクセスデータをもとに課題を抽出し，一つ一つの課題を一緒
にクリアしていくイメージです。テクニカルな課題解決だけでなく，そもそも
のサービスや商品構成に対してアドバイスを行うこともあります。

2つ目は，1つ目の仕事ともかかわっているのですが，クラウドサービスを
活用した業務改善支援です。中心になるのは CRM（顧客関係管理）サービス
の導入と活用の支援で，あまりフォローされず放置気味になっている既存顧客
や休眠顧客との関係改善を実施して，売上や利益を向上させるといったマーケ
ティング・営業施策の支援が多いですが，業務プロセスの改善を含む生産性向
上の支援も行っています。

3つ目は，セミナー・研修講師などの教育関連のお仕事です。個人で研修業
務を請けることもありますが，大半が研修会社や公的支援機関からの依頼です
ね。ロジカルシンキングやコミュニケーション，マーケティングといった比較
的ベーシックな内容・テーマの研修を届けることが多いです。また，昨年あた

りから体験型のビジネスゲームを活用した研修にも関わるようになり，対応できるテーマが広がってきました。

　上記が業務内容に関してのお話ですが，顧客・チャネルという観点では，民間企業の支援が8割，公的支援業務が2割くらいでしょうか。業種にはあまりこだわりはありませんが，自身の経験も長いためIT系の企業が比較的多いですね。その他個人的な興味で農業法人のお仕事などにも関わっています。

Q2　独立に至るまでの経緯や，略歴，現在のお仕事の中心となるご専門の分
　　野について教えてください。

A2　もともとはシステムエンジニアとして経歴をスタートさせたのですが，3年ほどで転職し，そこからは営業・マーケティング畑中心のお仕事が続きました。転職後は10年ほどデータ分析・活用システムの導入を行っている独立系のITコンサル企業で，営業・マーケティングを中心に，バックオフィス系の仕事にもかかわり，ほぼ経理以外の仕事を経験させていただきました。30名程度の企業が100名規模の企業への成長する過程で，さまざまな業務に関わった経験が，現在の中小企業の支援に活きていると実感しています。また，この期間に，共著ですが，データ分析のテーマでの書籍の執筆も行うことができ，その後のキャリアにおける一つの柱である「データ分析・活用」の基礎を培うこともできました。

　その後は，ITコンサル企業時代の同僚が教育系のベンチャー企業を立ち上げ，誘われるままに創業期に参画し，0から起業を立ち上げていく経験とともに今まで直接は関わったことがなかったBtoCのビジネスにもWebマーケティングなどを中心に関わることができました。このベンチャー企業における経験が，その後の独立に直結しています。

　もともと独立については，「いずれ出来たらいいな」くらいのゆるい希望程度だったのですが，教育ベンチャーでのお仕事が「中小企業診断士資格講座」

をインターネットを介して配信するビジネスであったことから，独立して活躍されている診断士の方と触れ合う機会も増え，徐々に自分の力を試してみたいという思いが強くなっていったのかなと今では考えています。

　具体的なきっかけは，教育ベンチャー企業の方向性というかアクセルの踏み具合というか，そのあたりの勢いと自身の仕事の方向性にギャップが出てきたことでした。そんなタイミングで，その時すでにフリーランスとして独立していた，以前勤めていた会社の上司に相談したところ，「フリーランスとして独立する気があるならちょうどよい仕事があるよ」といっていただけました。独立した直後に安定したお仕事を得られる機会もなかなかないと考え，教育ベンチャーの仕事も業務委託で請けながらの独立となりました。ちなみにこの時点では，中小企業診断士資格についてはまだ取得していませんでした。

　そんな経緯ですので，個人的には，鼻息荒く独立したというよりは，働き方が少し変わったくらいのイメージでしたね。

　専門分野については，一言でこれといえないのですが，キャリア全体を通しての「システムエンジニアとしての経験」「データ分析・活用」「営業・マーケティング経験」「Webマーケティングの経験」「ベンチャー企業での経験」がベースとなって，今の仕事につながっていると感じています。


Q3　これから学習をはじめる方の参考として，プロフェッショナルな一週間分の典型的なお仕事スケジュールについて，おおまかに教えてください。

**A3**　次の表が大まかな一週間のスケジュールの例です。

　割と緩い感じで仕事をしていることが多く，執筆系の仕事で締め切りが近いなどがなければ，夜遅くまで仕事をしているということはそれほど多くはありません。インプットのためにIT関連やWebマーケティング関連のセミナーやコミュニティでの勉強会のようなものにはできるだけ参加するようにしています。また，土日も研修系の仕事が入らない限り，ほぼしっかり休めてい

| | 月 | 火 | 水 | 木 | 金 | 土 | 日 |
|---|---|---|---|---|---|---|---|
| 6時 | | 起床/朝食 | | | | | 起床/移動 |
| 7時 | 起床/朝食 | 移動 | 起床/朝食 | 起床/朝食 | 起床/朝食 | | 顧問先G 経営会議 (TV会議) |
| 8時 | 移動 | 顧問先C 営業会議 | 移動 | 移動 | 移動 | 起床/朝食 | |
| 9時 | 公的機関 コーディ ネーター (昼食含む) | 移動 | 公的機関 コーディ ネーター (昼食含む) | | | 移動 | 資料準備 |
| 10時 | | 創業支援施設 相談業務 (昼食含む) | | 顧問先E 営業会議 | 顧問先F リーダー会議 | | 自社セミナー @弊社事務所 (昼食含む) |
| 11時 | | | | | | | |
| 12時 | | | | 昼食 | 昼食 | | |
| 13時 | | | | 移動 | 移動 | 大学院講師 (昼食含む) | |
| 14時 | | | | 専門家派遣 | | | |
| 15時 | | | | | セミナー | | |
| 16時 | | | | 移動 | | | |
| 17時 | | IT/IoT 窓口相談 | | | 移動 | | |
| 18時 | 移動/夕食 | | 移動/夕食 | セミナー | | 帰宅 | |
| 19時 | | 移動/夕食 | | | 専門家派遣 | 家族 サービス (夕食) | 懇親会 |
| 20時 | 顧問先A 経営会議 | | 顧問先D 経営会議 | 移動/夕食 | 移動/夕食 | | |
| 21時 | | 顧問先B 経営会議 | | | | | 帰宅/夕食 |
| 22時 | 移動 | | | 懇親会 | 資料づくり @弊社事務所 | | |
| 23時 | 資料づくり @弊社事務所 | 帰宅 | D社社長と 会食 | | | プライベート | プライベート |
| 24時 | | プライベート | | 帰宅 | | | |
| 1時 | 帰宅 | | 帰宅 | 就寝 | 帰宅 | 就寝 | 就寝 |
| 2時 | 就寝 | 就寝 | 就寝 | | 就寝 | | |

ますね。休日は子供の相手でほとんど終わってしまいますが。

　今は子供二人が小学校に上がり，保育園の送りなどもなくなりましたが，独立してからも毎朝保育園に子供を送っていましたし，フリーランスの自由さを活かして，妻が対応できないときに子供の急な病気への対応などもできています。

　独立当初は，企業への常駐を2社兼務という感じで，取引先も少なかったのですが，現在は，取引先が常時10社前後あり，契約先に常駐する形のお仕事はほとんどなくなりました。それに伴い，オンラインでの打ち合わせなどを活用して，できるだけ物理的な移動は少なくなるようにしています。具体的な例では，業務改善などの支援をしている茨城の農家さんとも，訪問は年に数回。あとはチャットツールとオンラインでの打ち合わせでほぼ業務が完結している状況ですね。クラウドサービスの導入支援でも，打ち合わせ以外はオフィスからネット経由で実施できることが多いので，意識的に移動は少なくするようにしています。また，上記のスケジュールには含まれていませんが，研修のお仕事で，前日入りの地方出張となることもあります。出張先でも場所に関係なく仕事ができることが多いので，効率的な仕事ができているのではないかと思います。

　ほとんどのお仕事が顧客と月に1，2回程度の打ち合わせを行う形になっており，それ以外の研修コンテンツ制作（ビジネスゲームの制作なども含む）などのまとまった時間が必要な業務は，個人オフィスに引きこもって一人で黙々と作業しています。

　そういった意味では，週の半分が人前で話し，直接コミュニケーションを行う仕事，残り半分が個人オフィスにこもってする仕事という感じで，メリハリがついている感じはしますね。

Q4　現在のお仕事に診断士資格を取得したことは活きていますか？

**A4**　確実に活きていますね。診断士資格が公的機関のお仕事や，もともとの人脈では会う機会もなかった企業とお付き合いが始まるきっかけになっているので，取得前と後では，仕事の幅が広がったと感じています。また，実務補修でついていただいた先輩診断士の方からお仕事をいただいたり，診断士協会のイベントがきっかけで研修会社と契約できたりと，全体の売上からすると，割合は多くはありませんが，診断士資格と関連の人脈が一つのチャネルとして機能していると感じています。

　ただ個人的には，誰でも診断士資格をとったから独立できるとか，仕事が安定するということはあまりなくて，もともと持っているスキルや能力を活かすひとつのきっかけとして活用するくらいの意識を持っておけるとよいと思います。実際に周りで独立して活躍されている診断士の方を見ていると，資格の有無というよりは，やはりもともと持っていたスキルや能力，独立後にも学び続ける力が大きいと感じますし，そういった方々は資格をツールとしてうまく活用されているイメージです。

Q5　診断士資格を取らなかったら，どのように今が違ってきていると思いますか？

**A5**　独立自体は，診断士資格取得前に勢いでしてしまっていたので，独立そのものには影響はなかったと思いますが，おそらく仕事の幅を広げるのに苦労していたのではないかと思います。現在一つの柱となっている研修・セミナー講師としての仕事の最初のきっかけは，診断士資格を持っていたことだったので，資格がなければその柱がない状態，あるいは立ち上がりが遅かった可能性が高いですね。研修・セミナー系のお仕事は，一度付き合いが始まると，長いお付き合いになることも多く，年間の売上などの予測もしやすいため，売上の

安定に寄与しています。研修・セミナー系の仕事がなかったとしたら，精神衛生上もあまりよくない状態になっていたかもしれません。


**Q6**　お仕事をされながら診断士資格を取得された際に，ご苦労されたことや，工夫されたこと，学習の継続を支えたものなどがあれば教えてください。

**A6**　私の場合は，資格取得のために時間をかけて勉強したというよりは，勤めていた企業の業務の中で中小企業診断士資格講座のコンテンツの制作に関わっていたため，「門前の小僧」状態で，ある程度のレベルまで知識を得ることが出来たのがラッキーだったと考えています。そういった意味ではちょっと特殊事例だといえますが，そうでない環境に置き換えて考えると，普段から学習内容に触れ続けるということが大切なのではないかと思いますね。

　ただ，財務・会計だけは，しっかりと時間をかけて勉強しました。というのも，財務・会計は，もともとは簿記3級の試験にも落ちるほどの苦手科目で，これは時間をかけなければどうにもならないなということもありましたし，また，試験の中では，一次試験はもちろん，二次試験でもキーになる科目で，しかも知識や計算方法などをしっかり押さえておかないと絶対受からない科目ですので，一番時間をかけて学習を進めました。これから資格を取ろうとされている方で，財務・会計に苦手意識を持たれているとしたら，集中的に学習されることをお勧めします。

　学習の継続に関しては，周りのプレッシャーなどは特になかったのですが，一時的にでも教育コンテンツを提供する側にいて，むざむざと試験に落ちるわけにはいかないという，自分自身への追い込みがよかったのかもしれません。あとは独立した時点では，一次試験に受かって，二次試験に一度落ちている状態でした。独立して忙しい状態で，改めて試験に一からチャレンジできるイメージがなかったので，2回目の二次試験は，気持ち的には背水の陣で挑むことができたということもあったと思います。

Q7　これから資格取得を目指す方に，資格取得後も見据えた場合の考え方や
　　　仕事面，資格取得面で工夫・アドバイスなどをいただければと思います。

**A7**　資格の取得に関しては，ありきたりではありますが，合格をゴールにし
ないようにするべきだと感じています。合格者された方の中でも，何年もかけ
て苦労して診断士資格を取ったのにも関わらず，結局仕事も人生も何も変わっ
ていないという人を何人も知っています。知識がつくという意味では，極論す
れば合格しなくても，確実にプラスではありますが，せっかく多くの時間をか
け，他のことに取り組むこと選ばずに診断士試験にチャレンジするのであれば，
資格取得後にたくさんの行動を起こすきっかけにしてもらえるとよいのではな
いかと思いますね。行動を変えない限りは，仕事も人生も大きく変わることは
なかなかありませんので，何かを変えたいときには，資格取得のためのお勉強
だけでなく，他の行動も変えていくべきです。

　おすすめの行動としては，まずは周りにやりたいことをどんどん伝えていく
ことかなと思います。独立したいなら「独立したい」，社内で別の仕事にチャ
レンジしたいのであれば「異動したい」といった思いを口にするだけで，周り
の目が変わることもります。特に資格取得後であれば，目的のためにしっかり
努力できる人なんだなと見てくれる人はいますので，どんどん伝えていきまし
ょう。

　人によっては「具体的にやりたいことは決まっていないけど，独立したい」
みたいな，ふわっとした状態のこともあるかもしれません。そんな状態では，
恥ずかしくて独立を口にはできないという真面目な方も多いと思いますが，個
人的には，そんなふわっとした状態であったとしても，どんどん口に出してい
くべきだと考えています。私のキャリアを思い返すと，ベンチャーへの転職や
独立などのキャリアチェンジにつながったきっかけは，周りの人のサポートで
した。「確かアイツは独立したいといっていたから声がけしてみようか」とか，
「進路に迷っているんだったらこんな道もあるよ」とアドバイスしてもらった
り，周りからの働きかけがあったりして人生が大きく動きました。ですので，

ちょっと勇気はいりますが，周りに自分の進みたい方向性を大枠でもよいので，どんどん伝えていくと人生に動きがでるかもしれません。

Q8　これからのご自身のお仕事や，生活の向上，専門性の向上，これからの
　　　ビジネスの変化などについて，自由にお考えをお聞かせください。

**A8**　仕事に関しては，まさに専門性というキーワードが，独立してからの悩みのポイントになっていました。独立してから今までは，気の向くままに面白そうな仕事とか，声がけされた仕事になんでも取り組んできました。それまでのキャリアで，システムエンジニア，コンサルタント，営業，マーケティング，経営企画，人事，総務など，様々な業務を経験していたこともあり，それなりの成果は出せたと思います。また，現在柱としているWebマーケティング，クラウドサービス導入支援や研修講師に関しては，しっかりと対価をいただけるレベルにはなりました。でも，それぞれのレベルが，その道のトップクラスになれたといえるかというと，そこまではまったく至っていません。

　そのため，もっと自分の専門性を絞り込んで，とんがらせた方がよいのではないかということを常に考えつづけていましたが，独立して5年ほど経って，最近は，専門性はある程度意識しつつも，当面は，今のままでもよいのではないかと思い始めています。

　というのも，どうしても性格的に飽きっぽくて，一つの分野を突き詰めていくというのがあまり性に合わないということがまずあります。以前はこういった性格をなんとか直さなきゃいけないなと考えていた部分もあるのですが，最近子育てしていて気付いたんです。息子がまったく同じ性格でして，おもちゃも遊びも一つのことに集中できないタイプで，これはどうやらあきっぽい性格は，しっかりDNAに刻まれてるらしいぞ，ということで，その飽きっぽい性格を前提にどんな仕事をするべきかと考えるようになりました。

　また，もう一つの理由は，自分がやりたい仕事は，一般的なコンサルティン

グとはちょっと違うのではないかと気付き始めたということですね。コンサルティングというと，もちろん仕事の仕方にもよるのですが，どうしても顧客から一歩引いた立場でのアドバイスといった形になることが多いです。でも，仕事をしていく中で，例えば Web マーケティングの仕事を請けたとしても，本当の意味で成果を出すためには，商品やサービスの伝え方だけを変えてもあまり効果はなくて，商品やサービスレベルといった根本的なところから変えていかなければいけないことも多くあります。場合によってはビジネスモデルを変えていくことも必要です。でも，Web マーケティングのコンサルタントとしての立場でのアドバイスには限界があり，そこまでの話を受け入れてもらうためには，長い時間がかかります。

　そのようなことを考えると，もう一歩も二歩も踏み込んで，社員ではないけど，責任を持った形で事業を一緒に成長させていく，というようなスタンスで仕事をしていく方が，自分にとっては面白いのではないかと考えるようになりました。少し前からそういったことの一環として，成果報酬型のお仕事を行ったりもしていますので，一緒に成長していきたいと思える組織とのつながりを増やしつつ，より踏み込んだ仕事をしていきたいと考えています。


Q9　最後に，独立した今だから思う"独立成功のポイント"をお聞かせください。

A9　現在の状態を成功したといってよいのかという話もありますが，まずは独立して5年間生き残り，会社員時代よりも収入が増えたということを一定の成功としてもよいのであれば，思いつくところでは，3つほどポイントがあります。

　まず1つ目は，最初の段階で，ある程度安定した収入がある状態を1年ほど作ることが出来たことです。これは直前まで勤めていた企業からの仕事と，過去の人脈で紹介を受けた仕事でしたが，この二つの仕事のおかげで焦って仕事

をとる必要がなく，独立した後にスキルを高めたり，どんな方向に進むのかを考えたりする余裕がありました。その余裕がある状態で，ほかのお仕事を無理なく，小さい単位で請けつつ，徐々に取引先を増やすことができたことが大きかったですね。これは運というかタイミングによる部分もありますが，それまでの仕事ぶりが評価されたという部分もあるかと思います。

　2つ目のポイントは，とにかくいろんな場に顔を出したり，誘われたり，勧められたら，とりあえず参加したり，チャレンジしてみたということでしょうか。もともとはそれほど人付き合いをするタイプではないのですが，独立してからは，新たな出会いをするために，思いつくままにいろいろなことに手を出してきました。クラウドソーシングに登録して仕事を請けてみたり，いろいろなセミナーに参加して，押しつけがましくない範囲で，自分がお手伝いできそうなことを登壇者側の方にアピールしてみたり，ITベンダーのコミュニティに参加してみたり，新たな資格を取って普段知り合わない人たちと知り合うきっかけにしてみたりと，好奇心の赴くままにいろいろなところに首を突っ込んだ結果，思いも寄らないところから仕事が発生するということが何回か起こっています。以前から興味は持っていたものの全く伝手のなかった農業関係のお仕事をすることになったのも，とあるセミナーに参加したことがきっかけです。最近では，既存の取引先から，「ビジネスゲームを共同で開発したからテストプレイに参加してよ」といわれて，面白そうだからと参加したことがきっかけで，ビジネスゲームを開発した企業との取引が新たに生まれたということがありました。

　もちろん，なんでもかんでもやればよいというわけではないとは思いますが，自分が少しでも興味を持てることであれば，例え直接仕事につながらないことに見えても，どんどんいろんな場に参加することが，すごく大切なことだと感じています。後は単に参加するだけでなく，何らかの形で目立つことも必要です。セミナーでは最初に質問する，グループワークなどがあれば，ほかの参加者があまりやりたがらないリーダーやプレゼンターとして積極的に協力する，セミナーに参加した感想をブログにあげるなど，いい意味で目立つように意識

して行動することで，出会いをより活かすことができた気がします。

　３つ目のポイントは，少し観点を変えてスキル系のお話になりますが，話す・伝える能力です。会社員時代から営業担当として提案したり，マーケティング担当として人前で話したりする経験を積んでいたのですが，この経験がものすごく活きていると感じています。日本人はプレゼンが苦手で，かつ，消極的な人が多いので，物事を正しく理解し，わかりやすく人前で堂々と話せるというだけで価値があります。専門知識は診断士試験に合格できる人であれば，後でいくらでもつけることができるので，このわかりやすく伝える能力も合わせて鍛えることで，その専門知識を何倍にも活かすことができると思います。周りの診断士として活躍されている人はたいてい研修やセミナーなどに登壇している人がほとんどです。この話す・伝える能力は，誰でも鍛えられる能力ですので独立を視野に入れているのであれば，物事をしっかり理解する部分も含めて鍛えておいて損はないと思います。

**＜中小企業診断士資格取得後の活用事例　5＞**

フォト・パートナーズ株式会社代表

# 石田　紀彦（いしだ　のりひこ）氏のケース

『プロカメラマン×中小企業診断士』という独自のポジ
ショニングで，中小企業の売上・利益を向上させるオ
ンリーワン診断士

**Q1**　現在のお仕事内容について教えてください。

**A1**　現在，「写真の力で中小企業の売上・利益を上げる」を経営ミッション
に掲げて，フォト・パートナーズ株式会社という会社を経営しています。

　東京都豊島区巣鴨に『プロモートスタジオ巣鴨』という名の自社スタジオを
構えて，撮影業務を行っています。

**写真1：プロモートスタジオ巣鴨内観**

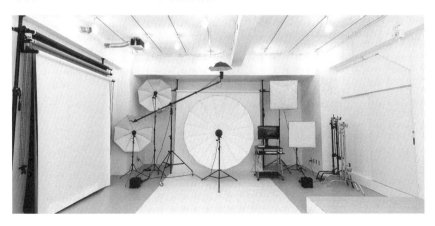

　加えて，中小企業診断士としての仕事も行っています。中小企業のプロモー
ション支援，売上向上や集客力を高めるための各種セミナー，執筆業務等です。

　現在の収入のバランスは撮影業が約7割，診断士活動が約3割です。後々はこの比率を5対5にしていければと思っています。


Q2　独立に至るまでの経緯や，略歴，現在のお仕事の中心となるご専門の分野について教えてください。


A2　はじめに，カメラマンと中小企業診断士，どちらが先かという質問に答えておくと「カメラマンが診断士の資格を取得した」という順番です。

　写真に関しては，日本大学藝術学部の写真学科で学び，専攻は報道写真でした。しかし，日本でフリーの報道カメラマンとして十分な収入を得ることは難しいので，卒業後は学校写真や商品写真など，何でも撮影していました。

　転機は2011年です。その年の7月に南スーダン共和国が独立するというので，3カ月間アフリカに取材撮影に行きました。その時までは「写真の力で世界を変える」という想いがあったのですが，南スーダンでの経験を通じて，「写真よりお金の方が力があるのではないか？」と感じました。特に，現地で読んだ本に書いてあった，"Give a man a FISH and you feed him for a day. Teach a man HOW TO FISH and you feed him for a lifetime."（人に一匹の魚を与えれば，彼は一日生きられる。人に魚の釣り方を教えれば，彼は一生食べていくことができる）という言葉が刺さりました。アフリカに対して，写真で貢献するのではなく，直接的に金銭の援助をするのでもなく，『お金を稼ぐシステム』を提供することが最もパワフルな支援だと感じたのです。

　帰国後，お金を稼ぐためのシステムを学ぶためには何を勉強するのが最も良いか？　を調べる中で出会ったのが診断士の資格です。

　ただし，大学では経営の「け」の字も学んでいませんので，帰国後は簿記3級の試験にも合格することができませんでした。それから5年かけて診断士の資格を取得しました。

　以上の経緯からわかる通り，診断士の資格取得前から「写真の力で中小企業

の売上・利益を上げる」ということをミッションに掲げていたわけではありません。資格を取得してみたら，写真を中心としたプロモーションに困っている中小企業様がいることがわかり，「ひょっとして写真のニーズがあるのかな？」と思い，『プロカメラマン×中小企業診断士』というポジションを取りに行っただけです（笑）。

　その後は，自身のポジショニングを強化するために『写真を通じた印象の定量化』に注力しました。

　例えば，以下の焼き鳥の画像をインターネットアンケート調査に出して，『Q.　以下の写真の中で，あなたが最も「美味しそう！」と感じる写真はどれですか？』と尋ねます。

写真２：インターネットアンケート調査用焼き鳥画像

この画像に対して，インターネットアンケート調査で得られた回答が以下となります。

図表１：インターネットアンケート調査結果

| 全体（n=108） | No.1 | No.2 | No.3 | No.4 |
|---|---|---|---|---|
| 100% | 4.6% | 32.4% | 45.4% | 17.6% |

　No.1〜No.4の撮影方法の中で，No.3の方法で撮影した写真に対して45.4%の消費者が美味しそうに見えると答えているので，No.3の方法で撮影

した写真が最も非計画購買を誘発することがわかります。

　実際には，事業コンセプトに応じて最適な写真は変わるので，No.2やNo.4の写真を使用する場合もありますが，No.1（4.6%）の撮影方法だけはやってはいけないことはわかると思います。そして，中小企業が最もやってしまっているのがNo.1の撮り方なのです。

　このように写真の印象を数値化する手法は，決して目新しいことではありません。大手企業のマーケティング部門では従来から行われていることです。

　しかし，ポイントは「それらのデータを中小企業は見ることができない」という点です。その調査機能を弊社が代行し，そのノウハウを中小企業に提供することで，少しでも日本の中小企業の売上・利益が上がれば良いと考えています。

Q3　これから学習をはじめる方の参考として，プロフェッショナルな一週間
　　　分の典型的なお仕事スケジュールについて，おおまかに教えてください。

**A3**

　仮でスケジュールを作りましたが，カメラマンという職業柄，毎週安定した仕事はありません。撮影依頼があれば平日であろうと土日であろうと働きますし，要は，曜日の感覚自体がありません。毎週やっていることは異なりますし，そんな私のスケジュールから皆さんが学べることはないと思います。

　唯一，私のスケジュールから皆さんの教訓になることを探せば，スケジュールの中に「公的支援」が1回しか入っていない点です。

　経営の観点を持って写真を撮れる専門家は，ほとんどいないですし，正直に言うと，資格取得した頃は「公的支援も引く手あまたなのでは…」と取らぬ狸の皮算用をしていたこともあります。しかし，実際には週1回程度しか支援要請はありません。

　私の実力に関する問題はいったん置いておいて，他の理由として考えられる

図表2：1週間のスケジュール

|  | 月 | 火 | 水 | 木 | 金 | 土 | 日 |
|---|---|---|---|---|---|---|---|
| 4時 | 起床 ／ 猫と遊ぶ | | | | | | |
| 5時 | 仕事 or 勉強 | | | | | | |
| 6時 | | | | | | | |
| 7時 | 朝食／娘の用意 | 朝食／娘の用意 | 朝食／娘の用意 | 朝食／娘の用意 | 朝食／娘の用意 | 朝食 | 朝食 |
| 8時 | | | | | | | |
| 9時 | メール返信など 雑務 | メール返信など 雑務 | 顧問先経営会議 | メール返信など 雑務 | メール返信など 雑務 | 撮影 | 撮影 |
| 10時 | | | | 撮影 | デザイナーと打ち合わせ | | |
| 11時 | | | | | | | |
| 12時 | 昼食 | 昼食 | | 昼食 | 昼食 | 昼食 | 昼食 |
| 13時 | 公的支援（専門家派遣） | 撮影 | | 撮影 | 公的支援（専門家派遣） | 自主開催セミナー | プライベート |
| 14時 | | | | | | | |
| 15時 | | | | | | | |
| 16時 | 報告書作成 | | | | 報告書作成 | | |
| 17時 | 執筆 or 資料作成 | 編集作業 | デザイナーと打ち合わせ | 公的機関主催セミナー | 編集作業 | 編集作業 | |
| 18時 | | | | | | | |
| 19時 | メール返信 | | | | | | |
| 20時 | 帰宅／娘と遊ぶ | | | | | | |
| 21時 | | | | | | | |
| 22時 | 就寝 | | | | | | |

のは，「悩みの優先順位」についてです。

　というのは，売上向上や集客に悩んでいる方はたくさんいるのです。しかし，改善の方法として，最初に「写真」を想像する人はいない，ということです。飲食店であれば，まず「味」の問題を考えますし，次に「接客」に問題があると考えるかもしれません。その次の次の次くらいに，ようやく「メニューの写真に問題があるのかも」という発想が生まれるのです。解決すべき問題として「写真」は優先順位が低いということです。

　写真に関するニーズがない，とは言いません。ただし，悩みの優先順位が高くなければ，写真に関する相談をしようとは思わないのです。

　皆さんが中企業診断士として活動しようと思っているのならば，自分の専門領域は「お客様の悩みの優先順位において上位にあるか？」という発想も必要であると思いますし，悩みの優先順位が高くないのであれば，仕事の受注も苦戦することを覚悟する必要があると思います。

　勘違いしてほしくないのは，"診断士として"の仕事では苦戦する，という話です。"カメラマンとして"は苦戦しません。なぜなら，"カメラマンとして"仕事を発注するクライアントは，「写真」が既に悩みであり解決策であると自覚しているからです。

Q4　現在のお仕事に診断士資格を取得したことは活きていますか？

**A4**　ものすごく活きています。実は，「写真の力で中小企業の売上・利益を上げる」ということは，診断士資格取得前から謳っていたのです。しかし，診断士資格取得以前は，誰もその話に耳を貸してくれませんでした。ところが，資格取得後は皆さん耳を貸してくれるようになりました。「国家資格を持っている人が語るのと，そうでない人が語るのはここまで違うのか」ということは実体験として語ることが出来ます。

　さらに，国家資格を持っていることで何が良いかと言うと，「財務諸表を見

ることができる」という点です。

　現在，私は支援先の写真を撮る際に売上と粗利の分析をしてから写真を撮るようにしています。まず Excel で売上をソートして，売上上位の商品を上から３分の１ずつ A，B，C にランク付けします。次に粗利をソートして，粗利上位の商品を上から３分の１ずつ，a，b，c にランク付けします。

　それらをマトリックス図にすると以下となります。

図表３：売上・粗利マトリックス図

**粗利率**

|  | a | b | c |
|---|---|---|---|
| A | Aa | Ab | Ac |
| B | Ba | Bb | Bc |
| C | Ca | Cb | Cc |

（左側：売上）

　この中で，「売れてはいるけれど，全然儲かっていない」（Ac）商品を私が撮影し，プロモーションした場合，貧乏暇なしを助長することになります。

　ですので，私が撮影するべきは「売れていて，儲かってもいる」（Aa），あるいは「今は売れていないけれど，売れたら儲かる」（Ca）商品です。

　この売上・粗利分析はとても有効な手段ですが，財務諸表を見ることができて初めて行うことができます。普通のカメラマンが「売上・粗利分析をした方が利益が上がりますから，財務諸表を見せて下さい」と言ったところで，財務諸表を見せてくれる経営者は多くないでしょう。

　そういう意味で，「国家資格である中小企業診断士を保有している」という事実は，現在の私のドメインの基盤をなすものです。

Q5　診断士資格を取らなかったら，どのように今が違ってきていると思いますか？

**A5**　与えられる「機会」が違っていると思います。

中小企業診断士になると，公的支援等を通して企業のコンサルティングを行うことができます。その中で，教科書には載っていないようなケースを数多く経験できます。そして，それらの経験を通じてコンサルタントとして成長し，さらに良い機会が与えられるという好循環が生まれます。

私の場合は，ありがたいことに診断士2年目で，ある企業から顧問契約をいただくことができました。プレッシャーもその分ありますが，顧問契約で得られる経験は本当に大きく，自分が音を立てて成長していることを感じます。その成長の機会を与えてくれたのは診断士という資格ですから，診断士資格を取らなかったら現在の状況は大きく変わっていたと思います。

Q6　お仕事をされながら診断士資格を取得された際に，ご苦労されたことや，工夫されたこと，学習の継続を支えたものなどがあれば教えてください。

**A6**　診断士の資格取得者と話していると『養成課程（※)』についてよく知らない，あるいはその存在自体を知らない，という方が多いことに驚きます。

（※中小企業庁の示すガイドラインに基づいた「演習」と「実習」から構成されたカリキュラムを修了することにより，二次試験および実務補修が免除される制度）

目的へ到達するルート（方法）を複数用意し，それらのメリット・デメリットを比較した上で最善の道を選択するのが，コンサルタントとしてあるべき姿です。目的（診断士の資格取得）達成のためのルート自体を知らないというのは，正しい在り方だとは思いません。ルートは①試験合格と②養成課程があることを把握したうえで，自身が保有する「資金」「時間」「能力」のリソースをどの

ように配分するかを事前に考えることが必要だと思います。

「資金」と「時間」に余裕がある方は，最初から養成課程に行くことを決めてしまえば，二次試験に割く時間は不要であり，一次試験の勉強に全精力を注げます。

私が養成課程で通った東洋大学では，木曜日の夜と土曜日・日曜日を利用して，2年間で診断士の資格とMBA（経営学修士）の資格を同時に取得します。日程設定からわかる通り，仕事を辞めずに通えることがメリットですが，それはつまり，「仕事」「診断士資格取得」「MBA取得」の3つを同時にこなさなければならないことを意味します。

1年目は必死にすべてこなそうとしますが，2年目の後半には「どれかひとつは捨てなくては無理がある」と気が付いてきます。私が捨てたのは「仕事」です。フリーカメラマンという特性を活かして，撮影の仕事を意図的に減らしました。そのため，卒業時の年収は300万円を切っていたと思います。東洋大学の同期も，後半は3つのうちどれかは捨てていたように感じます。

何が言いたいかと言うと，資格取得のために努力することはもちろん必要ですが，「何かを捨てる覚悟」もまた必要ではないかということです。勉強時間の捻出は，工夫でどうにかなる部分はあると思いますが，人には24時間しか時間が与えられていないわけで，従来の仕事と同じ量でさらに1,000時間の勉強量を乗せることはそもそも無理である，という発想も必要かと思います。


Q7　これから資格取得を目指す方に，資格取得後も見据えた場合の考え方や，仕事面・資格取得面で工夫・アドバイスなどをいただければと思います。

**A7**　資格取得後，何をしたいか（ゴール）を明確にすることは非常に重要な気がします。

前述の通り，私の最終ゴールはアフリカの支援で，診断士の資格はその手段です。

　そのため，金銭面のメリットを除けば二次試験に合格する必要性は，私にはありませんでした。

　よく「資格取得はゴールではない，スタートラインだ」と言いますが，その通りだと思います。診断士の資格は，達成したいゴールへの手段でしかないと思います。

　私はカメラマンと診断士の2つの仕事を並列で行っていますが，はっきり言って，撮影の方が楽です。

　わずか1社しか顧問契約がないのに偉そうなことは言えないのですが，実際にやってみてわかったことは，コンサルタントの仕事は本当にきついということです。

　調べなくてはいけないこと，試さなければいけないこと，そしてそれらの数値化など，やるべきことは膨大で，撮影業と比較した費用対効果を考えたら割に合わないと思うこともあります。大手コンサルタント会社がコンサルティング料を月に数百万円もらう理由もわかりました。

　なので，コンサルタントを本職にしようと思うのであれば「人を応援すること」が好きでなければ続かないと思います。「かっこいいから」「稼げそうだから」という理由だけで目指すような仕事ではない，というのが私の感想です。

　A6の繰り返しになりますが，診断士の資格取得にはそれ相応の犠牲が伴います。それだけの犠牲を払ってでも本当に中小企業診断士の資格が必要なのか。そこがクリアにならないと資格取得前も資格取得後も，どこかで心が折れてしまうと思います。逆に言えば，そこがクリアになれば，何があっても心が折れずにゴールに到達できると思います。

Q8　これからのご自身のお仕事や，生活の向上，専門性の向上，これからのビジネスの変化などについて，自由にお考えをお聞かせください。

A8　2年半の診断士経験を通じてわかったのが，支援をする業種は絞らなけ

ればならない，ということです。もちろん，診断士試験で学ぶ知識は全業種に対応できるものです。しかし，ひとつの業種を支援する場合，その業種について何も勉強せずに支援をすることはできません。時間が有限である以上，その勉強時間は各業種に散らすよりも，ある程度絞った方が支援される側，支援する側の双方にとってメリットがあると考えるからです。

　話は逸れますが，法人設立から5年目に遅ればせながら弊社で経営理念を創りました。いったい自分は何のために事業をしているのだろう？　と考えた末に，出てきた経営理念が「世の中に眠っているすべての価値を表出させる」というものです。

　要は，素晴らしい価値がありながら，それが世の中に伝わっていないのはもったいないし，誰も得をしない。それらの価値を，写真を通じて世の中に表出させようという意味です。

　この理念を軸に，今後支援すべき業種を検討したところ，経営学修士論文で取り上げた『ホテル・旅館業』が良いと考えました。日本のホテル・旅館業の眠っている価値を国内外に発信することで業界の発展に寄与できたら良いなと思っています。


Q9　最後に，独立した今だから思う“独立成功のポイント”をお聞かせください。

**A9**　消費者行動論がAIDA，AIDMA，AISASと時代によって変遷しても，スタートはいつもAttention（注意）なように，中小企業診断士も，いくら実力があっても存在を認知してもらえなければAction（仕事の受注）に至ることはありません。

　存在を認知してもらうための方法は，自ら研究会等に積極的に参加する，ブログやSNSで発信する，セミナーを自主開催する等，いろいろな方法があると思います。

　発信が重要であることは論を俟ちませんが，それと共に Memory（記憶）を誘発させる機能もなければ意味がありません。他人に記憶してほしいドメインを自ら決め，そのドメインに関する情報を継続して発信することで初めて覚えてもらえるのです。

　前述のように，私自身は図らずも『プロカメラマン×中小企業診断士』というポジショニングになったので偉そうなことは言えませんが(笑)，結果論として「他人が覚えやすかった」のだと思います。

　ブランドには「情報処理の簡略化」という機能があります。お客様が覚えやすいよう，お客様が仕事を発注しやすいよう，『○○×中小企業診断士』の「○○」の部分を自身で構築していけば良いと思います。

　頑張ってください。

＜中小企業診断士資格取得後の活用事例　6＞

合同会社セールス・トータルサポーターズ　代表社員

**川﨑　悟**（かわさき　さとる）**氏のケース**

顧客ゼロからの売り上げづくりを得意とする中小企業・小規模事業者の営業支援のスペシャリスト。“コンサルティング”だけでなく，今でも“実営業”を行う実践派コンサルタント。

Q1　現在のお仕事内容について教えてください。

**A1**　現在の仕事は，大きく分けると3つの仕事をしています。

　一つ目は，営業支援を中心とした“売り方”に関するコンサルティング業務です。私は商工会議所など公的機関経由のコンサルティングと民間企業との直接契約によるコンサルティング（顧問契約）の両方を行っております。ご依頼があれば業種・業態に関わらずご支援させていただいておりますが，その中でも特にご支援ニーズが多いのが，私が元営業マン且つエンジニアということもあるため小規模・中小製造業のコンサルティングです。

　ご支援内容と致しましては，“売り方”と一言に行っても様々で，「顧客依存体質からの脱却のための新規顧客開拓支援（ターゲットの選定，顧客リストの活用など）」，「営業管理職教育支援」，「若手・中堅営業マン教育支援」，「新人営業マン教育支援」，などの言わば“営業”に関する支援だけでなく，「売上拡大につなげる展示会出展サポート」，「Webマーケティング支援（SEO対策，リスティング広告対策，SNS活用）」など一貫して実施しています。

　二つ目は，独立前の営業の経験を活かして，今でも完全成功報酬型の実営業をしています。理由としては，コンサルタントというのは労働集約型の職種であるため，自分自身が活動しないと報酬が出ないのが基本ですが，完全成功報

酬型の営業は，受注に結び付くまでは大変な面ももちろんありますが，受注できた時の金額が大きくなるケースも少なくなく，またお客様にもニーズに沿った商品・サービスを提案することで喜んでもらえるため継続して行っています。また，営業する商品・サービスは何でもよいというわけではなく，例えば経営をゲームで学べる研修などの特殊な研修や，Web マーケティングサービス，更には経費を成功報酬で適正にするサービスなど，支援先様のノウハウの向上や，売上・収益の拡大など，コンサルタント業に関わるものに限定しています。

　そして，三つ目は，商談会・展示会のコーディネーター業務です。業務内容としては，商工会議所や民間企業が主催する商談会や展示会などへのテレアポなどによる誘致活動に始まり，公募資料など各種資料の作成支援，当日の商談会のサポート，更に商談会後のアフターフォローまでを行います。この商談会・展示会コーディネーターというは専門家が非常に少なく，都内の案件であれば，当社にご依頼いただくケースが多いのが現状です。

　大きく分けると上記の3つとなりますが，江戸川区の創業支援施設のインキュベーションマネージャーや，研修・セミナー講師なども行っています。

Q2　独立に至るまでの経緯や，略歴，現在のお仕事の中心となるご専門の分
　　　野について教えてください。

A2　機械系の大学院を修了後，上場企業で日本のトップシェアを誇る輪転機（※新聞の印刷機）のメーカーに入社し，入社後すぐにメンテナンス及びトラブルシューティングを行う品質保証課に配属されました。新聞は朝晩必ず配達するため，輪転機は半日たりとも止められないので，年間の約半分はトラブル処理のため全国各地の新聞工場へ緊急出動するという生活をしておりました。非常に大変な業務ではありましたが，輪転機が無事に復旧したときにお客さん

から「ありがとうございました！」と言われ，感謝されたときの満足感は言葉に表すことができないくらい大きく，また私は元々機械いじりが好きだったということもあり，充実した生活を送っていました。しかし，入社して５年くらい経ってからIT化の進展により，新聞が売れなくなり，会社の業績は急激に悪化。その時私はこの会社にずっと居続け，会社に万が一のことがあった場合に私に"輪転機のメンテナンス"という特殊なノウハウしかなかったら，つぶしが利かくなること考え退職を決意。そして，その後約２年間は派遣社員として，２D，３D-CADの操作による機械設計の経験を積み，流量計のメーカー（上場企業）に転職。そこでは，私の転職と同じタイミングで新設された海外システム部という部署に設計担当として配属されました。ただ，７名という非常に小さな部署だったので，設計だけをやっていればよいというわけではなく，営業同行，調達，工場検査，更には製品を納める現地（海外）での試運転など一連の業務に言わばプロジェクトマネージャー的な立場で携わり，約５年間勤務しました。

　そして，当時はまだ合格はしてなかったのですが，私には元々中小企業診断士（経営コンサルタント）としての独立志向があったのですが，私のそれまでの"エンジニア"としての経験だけでは経営コンサルタントとして食べていけないのでは？　と本当に漠然とした考えで，今後は水処理機器を取り扱う中小企業に営業マンとして転職。その会社では，既存顧客を実質担当させてもらえなかったので，必然的に新規顧客開拓担当となり，テレアポ，飛び込み営業などありとあらゆる営業手法を試しました。それまで私が営業経験ゼロだったので当然ながら入社して数年は中々売上が上がらずかなり苦労しましたが，入社して丸２年間くらい経ってから徐々に成果が出始め，翌年の３年目には当時の営業所の売上70％を一人で獲得するまでに至りました。その後の数年間もトップ成績を継続し，勤務期間中に診断試験にも合格できたということもあり，中小企業診断士として独立するため，退職をいたしました。

　以上の経歴があるため，私は今では「営業とエンジニアの経験を活かした販売力向上コンサルタント」として独立し，活動ができています。

Q3　これから学習をはじめる方の参考として，プロフェッショナルな一週間
　　　分の典型的なお仕事スケジュールについて，おおまかに教えてください。

**A3**　次の表は，私の典型的な一週間の仕事のスケジュール表です。他の独立
診断士と異なる点は，①最低でも平日週1日程度は"作業日"を確保している。
②家族と過ごす時間をある程度確保している。③夜ではなく早朝の時間を有効
活用している。といったところだと思います。①の作業日を確保している理由
は，「すべてのご支援の品質を最大化する」ためです。当社はサービスの性質
上，突発の仕事が入ることも多く，最初からスケジュールを詰め込みすぎてし
まうとその仕事をお断わりせざるを得なくなってしまいます。また，仮に無理
にお引き受けしたとしたら，他のご支援にしわ寄せがきて品質を下げしまう原
因にもなりかねません。そのため，作業日という一定の余裕時間（イメージ的
には10〜15%程度）を確保しているのです。②の家族過ごす時間の確保につい
ては，前述の通りまだ小学校と保育園に通う小さな子供がいる上に妻もフルタ
イムで働いているため，妻に家事育児の全てを任せるわけには行きません。そ
のため，平日の子供の保育園や学童保育への送り迎えのどちらかは私が行い，
妻の帰りが遅い場合は，夜は私と子供とで過ごします。お客さんやパートナー
さんとの飲み会（兼打合せ）も独立間もない時は週4〜5日ありましたが，今
は打合せの飲み会の場ではなく，日中に済ますなどの工夫をして今は週2〜3
日程度に抑えています。③の早朝の時間を有効活用している理由は，私は元々
朝方の上，早朝の時間は誰にも邪魔されず，仕事が捗るからです。更に子供を
寝かしつけるときは一緒に寝てしまうことが多いというのも一要因だったりし
ますね（笑）。そのため，朝は基本4時前後には起床して資料作成やランニン
グなどの時間に充てています。

| | 月 | 火 | 水 | 木 | 金 | 土 | 日 |
|---|---|---|---|---|---|---|---|
| 3時 | 起床/洗濯 | 起床/洗濯 | | 起床/洗濯 | | 起床/洗濯 | 起床/洗濯 |
| 4時 | 資料作り | 資料作り | 資料作り | 資料作り | | 資料作り | ランニング |
| 5時 | | ランニング | 起床/洗濯 | ランニング | 起床/洗濯 | | |
| 6時 | 朝食/支度 | | 朝食/支度 | | 朝食/支度 | プライベート（家族との時間） | プライベート（家族との時間） |
| 7時 | 子供の送り/移動 | 朝食/支度 | 子供の送り/移動 | 朝食/支度 | 子供の送り/移動 | | |
| 8時 | | 子供の送り/移動 | | 子供の送り/移動 | | | |
| 9時 | 公的機関コーディネーター（朝食含む） | | 資料作り | | 打合せ | | |
| 10時 | | 顧問先コンサル | | 公的機関コンサル | 移動 | | |
| 11時 | | | | | 営業訪問 | | |
| 12時 | | 昼食 | 昼食 | 昼食 | 昼食 | | |
| 13時 | | 移動 | 資料作り | 移動 | 移動 | | |
| 14時 | | | | 公的機関コンサル | セミナー登壇 | | |
| 15時 | | 営業訪問 | | | | | |
| 16時 | | | | | | | |
| 17時 | 移動/子供のお迎え | 移動 | 移動/子供のお迎え | カフェで仕事 | 移動/子供のお迎え | | |
| 18時 | | カフェで仕事 | | 移動 | | | |
| 19時 | 家族との時間（食事など） | 会食 | 家族との時間（食事など） | 会食 | 家族との時間（食事など） | | |
| 20時 | | | | | | | |
| 21時 | 資料作り | 資料作り | 資料作り | 資料作り | 資料作り | 資料作り | 資料作り |
| 22時 | 就寝 | | 就寝 | | 就寝 | 就寝 | 就寝 |
| 23時 | | 就寝 | | 就寝 | | | |

では，月曜日から順に簡単に仕事内容を紹介していきます。

◎月曜日

　月曜日は，某区が運営する創業支援施設でインキュベーションマネージャーの仕事をしてました。この日は，午前と午後一にそれぞれ1社ずつ経営相談が入っていました。この創業支援施設の入居者の業種はIT系，介護系，セミナー講師業や土木汚染対策事業など多種多様ということもあり，それぞれの経営課題も多岐にわたっていますが，大きく分けると「売上・収益拡大」，「資金調達」，「人材採用・育成」となります。私の支援の特徴としては，経営相談に乗るだけでなく，必要だと判断したら区の了承を得て，私の人脈を介して様々な専門家を紹介します。例えば，効果的なWebマーケティング支援が可能なIT専門家や，私募債の発行を支援する資金調達の専門家，ご要望によっては税理士さんや社会保険労務士さんも紹介する場合もありますね。

　この機動的な支援の成果もあって，入居2年後に売上が4倍になったご入居者もいらっしゃいました。


◎火曜日

　火曜日は，午前中は大田区で製造業を営む顧問先様のコンサルティングで，この日はこの会社の営業部門の人員全員（3名）との定期面談を行いました。この会社では，私が社長と従業員の間に入り，従業員の方が社長には直接言えないけど私に聞いてほしいことや，課題などをヒヤリングします。そして，従業員の皆さまにはその都度アドバイスを行うとともに，社長にも定期面談で報告し，今後の方針について相談・アドバイスを行っています。更にこの会社では，営業会議などにも私も参加し，より良い会議にするためのアドバイスなど行っています。

　午後は，某公的機関においてセミナー登壇に向けた打ち合わせを行い，その後とある民間企業を訪問し，経営をゲームで学べる研修の導入提案を行いました。私は，ご担当者に納得して提案を採用していただくには，少し古い手法だと思われるかもしれませんが何度も足を使って訪問することが大切だと考え実行

に移し，それが結果に結び付くことも多いのです。

◎水曜日

　水曜日は，作業日ということで，午前中は，コンサルティングの報告書やセミナー資料，営業ツールの作成，更には商談会誘致に向けたアポイントメントリストの作成と実際にテレアポを 20 社程行いました。

◎木曜日

　木曜日は，某公的機関を通じたコンサルティングの日でした。コンサルティング先は東京都の特に大田区を中心とした小規模・中小製造業が多く，この日のコンサルティング先は，午前は大田区京浜島，午後は大田区平和島の企業様で 2 社の距離も近いため，効率的に動くために同じ日の午前・午後でスケジュール調整を行いました。なお，午前中の企業の支援内容は新人営業マンの育成のための育成プログラムの作成。午後の企業は依存体質脱却のための新規顧客開拓支援ということで，展示会出展に関するアドバイスを行いました。このように一言に"売り方"に関する支援と言っても支援内容は本当に多岐に渡ります。

◎金曜日

　金曜日は，午前中は，某民間企業との当社がコーディネーターを務める商談会についての打ち合わせを行いました。商談会の開催日が来月に迫っているため，この日は開催日当日の全体の流れの再確認と商談のマッチングに関するアドバイスを行いました。

　午後は，某公的機関主催の営業セミナーに登壇。この日は 60 名以上の参加者で満員御礼ということもあり，いつも以上に話に力が入りました。また，セミナー終了後は名刺交換のため多くの方に並んでいただき，名刺交換だけでも 1 時間以上掛かりました。セミナーのご参加者は元々何かしらの課題を抱えていることが多いため，セミナー後にコンサルティングのご依頼が来ることも非

---

常に多くあります。

◎土曜日

　土曜日・日曜日は，両日なるべくフリーにて，家族との時間に充てるようにしていますが，この日は研修時間を平日に取ることが難しい支援先様において経営をゲームで学べる研修を一日掛けて行いました。ご参加は8名と小人数でしたが皆さん土曜日に積極的に研修に参加しようと考える意欲のある方々だったので，非常に熱心に取り組んでくださりました。研修終了後の懇親会では，研修を通じて多くの学びがあったとのお声をいただける，講師冥利に尽きる，非常に充実した一日となりました。

◎日曜日

　日曜日は普段は丸一日家族全員で過ごすのですが，この日は前日の土曜日に一日育児を妻に任せていたということもあり，妻の休息日とし妻は一人で好きな時間を過ごし，私と子供たちは朝から地元横浜のみなとみらい地区のショッピングモールと公園へ出かけました。

　家族と時間を過ごすときはできる限り仕事のことは忘れると決め，この日は子供との遊びに全力を注ぎました。当然ですが，それが私のリフレッシュにもつながり，次の日から始まる新たな1週間の活力源になります。


Q4　現在のお仕事に診断士資格を取得したことは活きていますか？

A4　確実に"活きている！"と断言できますね。特に私のように元々経営コンサルタントの経験がない人は，難関資格である診断士資格を取得することにより，周りの人が「一定の経営コンサルタントの知識がある人間」だと認識します。ただ，あくまでも「経営コンサルタントの知識がある人間」という認識であって，「経営コンサルタントの経験・実績がある人間」という認識ではな

いため，そこから経験を積むことは必要です。

　また，公的機関経由のコンサルティングなどはいくら経営コンサルタントの経験があっても，中小企業診断士の資格がないとできないものもあります。

　更に，私の場合は，診断士資格を取得したことにより，診断士・診断士以外の非常に多種・多様な人脈を形成することができました。この人脈形成により多くのパートナー・コンサルタントさんとの協業が可能となり今では，「困ったときは川﨑に相談すれば，誰かしら良い人を紹介してくれる。」という印象を周りの方々に持っていただいたようで，「～ができる人を知らないか？」，「顧問税理士さんを探しているのだけど，川﨑さん，心当たりないですか？」などの相談を受けることが多く，このご紹介を通じて，当社のビジネスの拡大にも繋がっています。


Q5　診断士資格を取らなかったら，どのように今が違ってきていると思いますか？


A5　診断士資格を取らなかったら，そのまま中小企業の前職で営業マンとして勤務していたと考えるとそれはそれでやりがいがある仕事だったので，それなりに充実した生活を送っていたかと思います。ただ，実際に診断士資格を取得し，独立した今は営業マン時代とは比べものにならないほど，仕事の充実感と世界観の広がりが全く異なっています。そのように考えると診断士の資格を取得して心から良かったと思います。


Q6　お仕事をされながら診断士資格を取得された際に，ご苦労されたことや，工夫されたこと，学習の継続を支えたものなどがあれば教えてください。


A6　苦労したことと言えば，大変お恥ずかしいのですが，私は診断士を目指

してから合格するまで9年間も掛かりました。

　受験生1〜2年目の時は，一次試験の経済学で足切り（40点未満）を取ってしまったのと同じ時期に，略歴でお話した流量計のメーカーへ転職しその後結婚。それ以降は仕事のため年間の半分程度は海外で過ごし，診断士試験の当日も日本にいないという生活が続いたため，中小企業診断士試験を一時中断。ただ忙しい毎日を過ごす中でも「診断士試験を諦めてしまった…」という劣等感のようなものがずっと心のどこかにあり，この諦めてしまった状態のままだと今後の人生もうまく行かず悔いが残ると考え勉強を再開させました。そして診断士試験を目指して7年目の時に3回目の一次試験を受験。そしたらなんとその時も経済学で足切りとなってしまいました。ただ，その時は「もう絶対に諦めない！」と決めていたため，経済学を中心に猛勉強し，翌年の8年目でやっと一次試験合格。そして，9年目で二試験に合格しました。

　工夫したことと言えば，診断士試験再開後は，共働きの上子供もいたので，土日は勉強をしようとしても育児参加や家族サービスのため思ったようにできませんでした。私はそのような状態だと精神衛生上も不安定になると考え，思い切って「土日は家族が最優先で，勉強を全くしない。」と心に決め，平日の月〜金は毎朝3時〜7時までの約4時間だけ勉強をすることにしました。時間が限られるので勉強に集中しますので，以前に比べると格段に勉強の効率が上がり成績は右肩上がり。模擬試験の成績も例えば一次の経済学は全国1位。二次の模擬試験でも常に上位5％に入るなど，この限られた時間で勉強をするということは，私にとっては良い影響を及ぼしました。

Q7　これから資格取得を目指す方に，資格取得後も見据えた場合の考え方や仕事面，資格取得面で工夫・アドバイスなどをいただければと思います。

A7　とにかく仕事面では，「どんな業でも責任をもってやり遂げる。当たり前のことを当たり前にこなし，さらに期待値以上の成果を上げる。」というこ

とだと思います。なぜかというと当たり前なのですが，診断士取得後に企業内・企業外問わず，診断士活動を行う場合，普段の仕事がそのまま診断士活動のときに出てきます。「責任をもって業務をやり遂げた経験がない。」「当たり前のことが当たり前にできない。」「期待値以上の成果を上げた経験がない。」方は，取得後にいくら頑張ろうとしても元々経験や習慣がないため，診断士活動もうまく行きません。例えば，成果物の納期一つとっても約束の納期通りにできない診断士さんって，実は非常に多かったりします。そうすると，診断士業界というのは広いようで狭いので悪い噂はすぐに広まるため，その後その方には仕事が来なくなるケースが多いのが現実です。

　資格取得面での工夫・アドバイスとしては，先ずは他の受験生の動向をあまり気にしないということです。受験生の皆さんのほとんどは診断士試験の勉強にだけに集中できる環境ではなく，それぞれがサラリーマンだったり，サラリーマンの中でも独身・既婚（子供がいる・いない），または自営業や専業主婦だったりと環境が異なり，受験勉強に費やせる時間も違ってきます。例えば，独身で定時に帰れる受験生と，私のように共働きで子供がいる受験生では受験に費やせる時間は倍以上も違ってくるケースもあるでしょう。ただ，その勉強できる環境をいくらうらやんでも自分自身の環境は何も変わりません。私は逆にその家族と子供がいるという環境のありがたさを"パワー"に変えることができたので，限らえた時間で成果（成績の向上）に結び付けることができたのだと思います。

　あとは診断士試験の勉強をすることに対し周りに関係者の理解を得ておくということが重要だと思います。私も勉強は基本的に平日朝しかしませんでしたが，模擬試験だけは環境に慣れておきたいということもあり妻の了解と協力を得て，通信ではなく土日を使って通学で受験をしていました。

　妻の理解がなければ今の私はなかったと断言できますね。

Q8 これからのご自身のお仕事や，生活の向上，専門性の向上，これからの
　　ビジネスの変化などについて，自由にお考えをお聞かせください。

A8 　私は，おかげさまで独立して3年目で事業をそれなり拡大することがで
き，会社を法人化することができました。ただ，これは私一人だけでは到底成
しえなかったことで，ひとえに様々な方のご協力のおかげなのは間違いありま
せん。今後は今まで諸先輩方にサポートしていただいたお返しとして，今度は
私が独立を目指す皆様のサポートをしていく番だと考え，少しずつですが取り
組み初めています。具体的には，つい先日の話ですが，当社主催の「独立を目
指す若手診断士さんのための座談会」を開催。座談会という形式にも関わらず，
約15名と多くの方々にご参加いただき，中にはわざわざ大阪や長野，群馬か
らお越しいただいた方々もいらっしゃいました。皆さんのご質問事項としては，
私が独立当初同じように心配であった，「どうやって仕事を獲得していくか」，
「お客さんとどう出会うか」，「自分の強みをどう打ち出すか・形成するか」な
ど様々で，私の話だけではなく，多様な意見が飛び交う大変有意義な会となり
ました。

Q9 　最後に，独立した今だから思う"独立成功のポイント"をお聞かせくだ
　　さい。

A9 　全く答えになっていなくて大変申し訳ございませんが，独立して成功し
たとは到底思えていません！　ただ，独立してから今まで業績が順調に伸長し，
継続してご仕事をいただけているのは，「期待値以上の成果を上げ続けたから。」，
「様々な方々のサポートがあったから。」だと，今は確信を持って言えます。
　今後は現状に決して満足せず，"売り方"中心とした支援をベースに様々な
パートナー・コンサルタントさんのご協力のもと，更にお客様の付加価値の創
造に貢献し，事業を拡大していきたいと考えています。

# 第 3 章

# 駆け出し中小企業診断士の日々

　大多数の診断士は，企業の経営幹部や経営幹部候補生として，日々ビジネス上の問題解決をしながら，さまざまな専門分野の知識・経験を駆使してその能力を発揮しています。

　専門性が狭く，独占業務がある他のビジネス資格と違い，「診断士資格を取ったらとりあえずどういう変化があるのだろう？」ということはイメージしにくいと思います。

　そこで，本章では，合格したばかりの駆け出し企業内診断士だったころの私たちの経験をご紹介しながら，まずは合格したらどんな変化があるのか，どういう将来性を企業に勤めながらも拓いていけるのかについて，ご紹介していきたいと思います。

# 第**3**章

## 1 30代で独立した私が駆け出しの中小企業診断士だったころ（酒井　勇貴のケース）

### ① そもそも，なぜ私は中小企業診断士を目指したのか？

　私は，元々は理系まっしぐらの人生を歩んでいました。中学卒業後に工業高専という技術者教育を行う5年制の学校に入り，その後，技術系の大学・大学院へと進みました。修了後は老舗の産業資材メーカーの研究開発職に就き，新商品開発・生産技術開発・特許出願の仕事を3年半ほど経験しました。

　でも，3年目くらいから，漠然と"理系バカで世間知らずの自分"に急に不安を覚えるようになったのです。「俺，経営の世界とか，まったく知らないよな…」と。そのころ"キャズム"というハイテクマーケティングの本を読み，自分の興味・関心が経営の世界に急速に移っていました。

　そこで"思い立ったが吉日"と，BATICという英文会計の講座に通うようになり，一定レベルのスコアを取った時点で無謀にも"ベンチャーキャピタル"への転職活動を開始。そして，忘れもしない2007年の夏に，独立系のベンチャーキャピタルに転職したのです。

　新たな環境・仕事に慣れてきたある日，社長から急に「お前みたいな理系畑で経営の"け"の字も知らない奴は中小企業診断士の一次試験くらい取っておけ！」と言われました。最低でも，それくらいの知識がなければベンチャーキャピタルで投資先の経営支援など務まらないと言いたかったのでしょう。"経営の"け"の字も知らない"というのはその通りなのですが，その通りだからこそ余計に頭にきて，2009年の2月頃から，朝早く起きて猛勉強する日々を約半年間続けました。その結果，運良く一発で2009年の一次試験をクリアできたのです。BATICで財務会計の基礎知識があったのが多いに役立ちました（なお，この時のBATICの先生が共著者の建宮努先生です）。

　一次試験合格後，私の中に大きな気持ちの変化がありました。社長に言われて嫌々始めた診断士の学習でしたが，学んでいるうちに「これは経営の世界で

## 私の一週間（酒井のケース）

| | 月 | 火 | 水 | 木 | 金 | 土 | 日 |
|---|---|---|---|---|---|---|---|
| 6時 | | 起床 / 朝食 | | | | | 起床 / 朝食 |
| 7時 | 起床 / 朝食 | 移動 | 起床 / 朝食 | 起床 / 朝食 | 起床 / 朝食 | | 顧問先G経営会議（TV会議） |
| 8時 | 移動 | 顧問先C営業会議 | 移動 | 移動 | 移動 | 起床 / 朝食 | |
| 9時 | | 移動 | | | | 移動 | 資料準備 |
| 10時 | 公的機関コーディネーター（昼食含む） | 創業支援施設相談業務（昼食含む） | 公的機関コーディネーター（昼食含む） | 顧問先E営業会議 | 顧問先Fリーダー会議 | 大学院講師（昼食含む） | 自社セミナー@弊社事務所（昼食含む） |
| 11時 | | | | | | | |
| 12時 | | | | 昼食 | 昼食 | | |
| 13時 | | | | 移動 | 移動 | | |
| 14時 | | | | 専門家派遣 | セミナー | | |
| 15時 | | | | | | | |
| 16時 | | | | 移動 | | | |
| 17時 | | IT/IoT相談窓口 | | | 移動 | | |
| 18時 | 移動 / 夕食 | | 移動 / 夕食 | セミナー | | 帰宅 | |
| 19時 | | 移動 / 夕食 | | | 専門家派遣 | | 懇親会 |
| 20時 | 顧問先A経営会議 | 顧問先B経営会議 | 顧問先D営業会議 | 移動 / 夕食 | 移動 / 夕食 | 家族サービス（夕食） | |
| 21時 | | | | | | | 帰宅 / 夕食 |
| 22時 | 移動 | | | 懇親会 | 資料づくり@弊社事務所 | | |
| 23時 | 資料づくり@弊社事務所 | 帰宅 | D社長と会食 | | | プライベート | プライベート |
| 24時 | | プライベート | | 帰宅 | | | |
| 1時 | 帰宅 | | 帰宅 | 就寝 | 帰宅 | 就寝 | |
| 2時 | 就寝 | 就寝 | 就寝 | | 就寝 | | 就寝 |

仕事をするなら必須の知識だ！」と思うようになっていました。どこかで漠然と "35 歳までには独立・起業" みたいな気持ちもあったので，今度は自分の意思で "診断士取得" を目指そうと思ったのです。

　当時，MBA（経営学修士）にも興味があったこともあり，二次試験を受けずに，そのまま東洋大学大学院経営学研究科のビジネス・会計ファイナンス専攻（中小企業診断士登録養成コース）に 1 期生として入学。仕事をしながらの 2 年間の大学院生活を経て，2012 年 4 月，32 歳の時に診断士登録をしたのです。

## ②　中小企業診断士で "学んだこと" をとにかくアウトプットし続けた

　中小企業診断士を取得した当時，私は投資支援先の 30 人規模の家電系のベンチャー企業におり，新規事業立ち上げの責任者として夜遅くまで毎日仕事をしていました。中小企業診断士になって半年くらいしてから地元の診断協会に入会はしましたが，中学校時代から幽霊部員だった私は，そもそも "組織的な活動" があまり好きではないこともあり，入会して早々に飲み会以外は殆ど顔を出さない "幽霊会員" となっていました（今でも幽霊会員ですが…）。つまり，診断士にはなりましたが "診断士になった" ことによる変化は殆どない毎日でした。

　でも，日々の仕事の中では "診断士で学んだこと" は大いに活きていました。私は当時，ひとりで会社の 1／3 程度の売上規模の新規事業をマネジメントしていたのですが，実質的に上司と呼べるのは社長だけであり，有難いことに比較的大きい裁量の中で "自分で決めて自分でやる" というスタイルの仕事ができていました。従って，新規事業という "様々な経営知識" が必要とされる仕事の中で，診断士で学んだことをフルに活用できていたのです。

　ここで気づいたのは，組織の指揮命令系統の中で "誰かが決めたことを自分でやる" や "誰かが決めたこと他の誰かにやらせる" という仕事をしていては，診断士で学んだことを存分に発揮することはできないということです。企業内の方で「診断士を取っても（勉強しても）意味がなかった！」という人がとても多いのですが，それはなぜかというと "自分で決めて自分でやる" というポ

ジション・立ち位置に居ないからなのです。

　もし，独立や副業（複業）以外の方法で“診断士で学んだことを活かしたい”と思っているのであれば，私のオススメは今いる職場で“自分で決めて自分でやる”というポジション・立ち位置を自分で行動して獲得するということです。例えば，失敗続きの新規事業に手を挙げて責任者になったり，誰もやりたがらないプロジェクトを引き受けてプロジェクトマネージャーになったり，自分でゼロから新商品企画のプロジェクトを立ち上げてリーダーになったりするという方法です。「そんなことできないよ！」と思うかもしれませんが，診断士になってイキイキと仕事をしている人は，そういう組織の制約を自らがリスクを背負うことで飛び越えて自分でチャンスを掴んでいるものなのです。

### ③　思っていたよりも早く来た“独立”の日

　先にも述べた通り，“診断士で学んだこと”を日々の仕事の中で活かせる毎日でしたし，有難いことに新規事業も順調に成長していたこともあり，当時の私は「あと３年くらいは企業内でガンガン働いて経験値を増やそう！」と思っていました。しかし…

　ここではとても書けないような様々な出来事があって，大規模なリストラが行われるようになりました。当時は，私もそのリストラの一部を担っていました。体制的にも資金的にも，新規事業どころではなくなってしまったのです。結局，半年くらいで会社の規模は約１/５になりました。その後，私も逃げるように会社を辞めました。思い入れのあった新規事業はできなくなり，やりたく無いこともして人もいなくなり，ぐっすり眠れないし，食欲も沸かない日々が続き，もうその会社に居るのが嫌で嫌で仕方なかったのです。一度は通信系の事業会社に転職もしたのですが，ここで，そもそも“使用人（従業員）”という“生き方”に心底うんざりしている自分に気づきました。「結局，自分らしくいる，そして，好きなことを好きなだけやり続ける，という“生き方”は組織に居てはできない。やっぱり，独立をするしかないのか…」。でも，既に小さな子供がいた私には，会社組織を離れて不安定な生活になる恐怖心も人並

みにありました。

　そんなことに悩み続けているうちに頭がおかしくなりそうになり，半年足らずで転職した会社を辞めて，結果的に"独立状態"になったのです。お恥ずかしながら，殆ど貯金もなく，独立準備なんて何一つできていないまま，診断士を取得してから1年4カ月後の2013年8月に開業届を出しました。34歳になってすぐの夏でした。

　でも，独立してから気づいたのは，結果的には"これで本当に良かった"ということです。なぜなら，そもそも"使用人（従業員）"という"生き方"に心底うんざりして独立しているので，独立してからどんなに大変なことがあっても"あの頃よりは今の方が断然良い"と思えたからです（勘違いして欲しくないのですが，組織の中で生きていくのも素晴らしい生き方だと私は思っています）。実際，本当に独立して良かったと思っています。

　私の周りの独立診断士や起業家に"独立・起業"のエピソードを聞いてみると，実は程度の違いはあれど，私と同じような理由で独立・起業している人が結構多いことに気づきました。"キラキラの夢に向かって"というポジティブなことではなく，実は"強い痛み・堪え難い苦しみ"が独立・起業への第一歩を踏み出す原動力になっているケースが多いのですよ。


#### ④　先輩・恩師やパートナーが"何も無い私"を支えてくれた

　先に述べた通り，何の準備もなく独立したので，仕事のアテは一切ありませんでした。ただ，有難いことに，独立したその月から仕事を頂くことができました。

　何も準備はありませんでしたが，新規事業の立ち上げ経験もあったので"最初の売上の作り方"は経験的にわかっていたのかもしれません。とにかく最初の仕事は"近場・足元・接近戦"で決める作戦でいました。よく，ホームページや交流会で最初に仕事のきっかけを作ろうとしがちですが，実績も信用も何もない個人が早い段階で仕事を手にする方法としては"最適"とは言えません。なぜなら，どうしても"関係性"を築くのに一定の時間を要するからです。で

も，当時の私には"待っている余裕"などありません。今すぐ"売上"を手に
しなければならなかったのです。

　そこで，私はまず，新規事業の立ち上げで一緒に汗水垂らした協力パートナー
会社の社長にお会いして"独立の報告"だけをしました。「何かチャンスがあ
れば独立しようと思っているのですが…。何か仕事をやらせてもらえません
か？」という相談ではなく「独立しました！」の報告だけです。すると，その
うちの２社の社長が「え？　会社辞めちゃったの！？　だったら，うちの新規
事業立ち上げを手伝ってもらえないかな？」と言って下さったのです。当時の
私は何もない"駆け出しの独立診断士"ですから，"顧問契約"という偉そう
な表現は一切使わず，ベンチャーキャピタル時代に経験した"ハンズオン支
援"という関与の仕方を提案しました。これは，アドバイスだけでなく"実際に
手を動かす支援をする"というもの。"実働"というわかり易い関与があるため，
とてもすんなり決まったのです。これで，私の完全フリーな一週間のうち，平
日の３日間は"会社員のような働き方だけど雇われの身ではない仕事"で埋ま
ることになったのです。この２社からのフィーだけで月50万円の売上になり
ました。１日単位で見れば，独立診断士の民民契約の謝金単価としては低いの
ですが，当時の"何もない自分"にとっては，どうであっても"仕事と収入"
がある状態を早く作っておきたかったのです。ちなみに，この最初に仕事を出
して下さった社長とは，今でもお付き合いが続いています。本当に，感謝して
もしきれないです。

　次に，東洋大学大学院のビジネス・会計ファイナンス専攻の中小企業診断士
登録養成コースで特にお世話になった先生方に，やはり同じくお会いして"独
立の報告"だけをしました。すると，当時，中小企業診断士が集まったコンサ
ルティングファームの社長もしていた恩師が，「え？　本当に会社辞めた
の！？　じゃあ，もしよかったら，うちの提携メンバーにならない？」と声を
かけて下さったのです。こうして，個人だけでなく，このコンサルティングフ
ァームの名刺も持つようになりました。このコンサルティングファームからは，
主にビジネスコンテストの運営や，大規模な連続セミナー，金融機関の専門家

派遣など，駆け出しの個人事業主では受注できないような仕事を定期的に頂くことができました。個人事業主として開業しましたが，コンサルティングファームにも所属することで"法人"としての信用も手にできたのです。ちなみに，この会社は"株式会社コンサラート"というのですが，私はこの会社の"アドバイザリーボード"のメンバーとして今でも関わらせて頂いています。また，このきっかけをドさった恩師からは，今でも様々なチャンスを頂いています。

　そして，ずっと幽霊会員だった診断協会の中で，それでも私のことをよく気にかけて下さっていた先輩にも"独立の報告"をしました。私には"自分の慣れ親しんだ地域の仕事をしたい"という気持ちがあったので，この先輩には「"●●区"と"■■区"の窓口・専門家の仕事があったら是非声をかけてください！　慣れ親しんだこの地域の仕事だったら0円でもやりたいです！"」とハッキリと言いました。

　すると，なんとその翌月に，その先輩が「●●区の窓口相談の仕事に空きが出たから受けてみないか？」と声をかけて下さったのです。すぐ，履歴書・職務経歴書を準備して面接を受けたところ，駆け出しで経験が全く無いにも関わらず，これまでの職務経験とその先輩の推薦もあってなんとか"合格"を頂けたのです。これで，週に1回，ベテラン診断士に混じって，ある区の窓口相談員をするようになったのです。その半年後には，もう一つの区のインキュベーションマネージャーの仕事も受けることになり，完全に平日の週5日が埋まるようになりました。セミナーなどは，"ハンズオン支援"で契約している仕事をうまく調整して受けるようにしていました。結果的に，独立して半年で土日も関係なくフル稼働になりました（独立診断士に土日は関係ありません…）。

　このように，有難いことに先輩・恩師やパートナーのご好意のお陰で"何も無い私"でも早い段階でフル稼働の状態を作ることができました。そして，"仕事が仕事を呼ぶ"というサイクルで，公的機関・金融機関の専門家派遣・セミナーや補助金申請の仕事などが日に日に増え，1年目で売上1,000万円超えの事業基盤ができたのです。私の実力ではなく，先輩・恩師やパートナーが私を助けてくれたのだと今でも思っています。

　それでも，あえて言うとするならば，今振り返ると“良かったのかな？”と思うことが３つあります。一つ目は，誰に対しても一言も「仕事をもらえたら独立したい」という類の話をしなかったことです。独立して６年経ったからわかるのですが「仕事をもらえたら会社を辞めて独立したい」というニュアンスで話をしてくる独立希望の診断士が一定数います。この発言は，独立している側から見ると“覚悟の無いヌルい人”に映るもの。そんな人に仕事の話をしようと思う独立診断士は，実は殆どいません。

　二つ目は，「この仕事だったら絶対に断りません！」という明確なメッセージを言い続けたことです。これも今になって思うのですが，仕事を依頼する側も，実は断られると結構ショックなもの。つまり，どうせお願いする（相談する）のなら，断られる可能性の低い人にお願いしたいのです。

　三つ目は，早い段階で“仕事がある状態”を作れたことです。これは断言しますが，仕事は“仕事があるところ（人）に集まる”という性質があります。独立初期の段階で，変な拘り・プライドを出して“意識は高いけど仕事がない人”になるよりは“どうであっても仕事がある人”になっていた方が，仕事を依頼する側は安心感があるのです。

⑤　“プレイヤー”から“コーディネーター”へ。そして…

　とにかく，独立初期に私が心がけていたのは，“請けた以上は，単価に関わらず期待値を必ず上回る仕事をする”ということでした。それは，クオリティでもスピードでも熱意でも，とにかく何でもいい。「この人はこんなに一生懸命にやってくれるんだ！」となることが，次の仕事に繋がるに違いないと思っていたからです。相手の期待値を上回ることが，駆け出しの診断士にとっての最高の“広告”だと考えたのです。

　もう一つは，“常にサービス精神を発揮する”ということです。これは，例えば，５回連続企画セミナーの１コマ分の講師依頼があった時に，「あ，この１コマのセミナー案を考えればいいのですね？」で終わるのではなく，「もしよければ，全体の企画・カリキュラムも私の方で素案を作りましょうか？」と

いうように"私から何かを提供できないか？"を考えていたということです。

こういう"心がけ"が良かったのかはわかりませんが、3年目くらいからは"コーディネーター"や"企画"の仕事が増え始めました。

例えば、"コーディネーター"というのは、某支援機関で支援を望む小さな会社と中小企業診断士などの経営支援の専門家をマッチングさせる仕事です。マッチングとは言っても、ただ引き合わせるような機械的な仕事ではありません。企業の経営課題は様々ですので、私が最初に数回訪問して初期診断を行い、経営課題・支援方向性をまとめた処方箋のようなものを作ります。そして、信頼できる専門家を探して具体的な継続支援をお願いするのです。

"企画"というのは、端的に言えば"セミナー企画"です。例えば、公的機関・金融機関等が実施する5回シリーズの連続セミナーなどです。全体のカリキュラムを考え、チラシの表現を決め、更にはセミナー講師の選定もやるようになりました。そして更に、セミナー全体を一括で受託して欲しいという相談も増えてくるようになりました。

そこで、経営コンサルティング・セミナー運営を中心に行う会社"合同会社クレイジーコンサルティング"を2017年9月に立ち上げました。公的機関等からのプレイヤー業務は引き続き個人事業で、民間企業からの仕事（顧問契約）やチームで受けるような仕事は法人で行うという体制にしたのです。今は、新しい事業の立ち上げにも着手しています。

思えば不思議なもので、あれほど組織に嫌気がさして逃げるように"独立"をしたのに、今では小さいですが会社組織を経営しています。そんな気持ちになれたのは、この"中小企業診断士"の仕事を通じて多くの素晴らしい経営者と、そこで懸命に働く従業員の皆様と関わらせて頂き、その中で"チームで働くことの素晴らしさ"を再認識できたからです。

"中小企業診断士"の仕事は、本当に刺激的で、学びが多くて面白い仕事だと思いますね。

## 2 私が駆け出し中小企業診断士だったころ （建宮　努のケース）

　まず私が資格を取得して最初に感じたのは、「うーん…，特に何も変わらないなあ…」ということです。

　私は合格した当初，大手通信教育団体のマーケティングの仕事をしていたのですが，合格したからといって，最初は特に大きな変化はありませんでした。私個人の中では，「苦労して取得した診断士を使って，これからキャリアをどんどん高めていかなくっちゃ！」という強い気持ちがあったのですが，勤め人としては，会社から報奨金が出るわけでもなく，昇格するわけでもありませんでした。

　「うーん…，このままでは苦労の甲斐がないなあ…」と思い始めたのは，診断士登録をして1カ月くらいした頃です。

　そしていろいろ考えた末，「これは勤め人として出来る範囲で，積極的に自分から仕事をつくりにいかないといけないなあ…まずは人脈づくりから！」と一念発起しました。そして自ら積極的に動いてみることにしたのです。

## 私の一週間（建宮のケース）

| | 時間 | 月 | 火 | 水 | 木 | 金 | 土 | 日 |
|---|---|---|---|---|---|---|---|---|
| 早朝1 | 4：30~5：45 | 朝食・ストレッチ・今日やること整理 | 朝食・ストレッチ・今日やること整理 | 朝食・ストレッチ・今日やること整理 | 朝食・ストレッチ・今日やること整理 | 朝食・ストレッチ・今日やること整理 | 朝食・ストレッチ・今日やること整理 | 朝食・ストレッチ・今日やること整理 |
| 早朝2 | 5：45~6：14 | 駅まで語学リスニング | 駅まで語学リスニング | 駅まで語学リスニング | 駅まで語学リスニング | 駅まで語学リスニング | 散歩 | 散歩 |
| 通勤（朝行き） | 6：15~8：30 | 睡眠1時間，執筆，ひとりビジネスミーティングなど | 睡眠1時間，執筆，ひとりビジネスミーティングなど | 睡眠1時間，執筆，ひとりビジネスミーティングなど | 睡眠1時間，執筆，ひとりビジネスミーティングなど | 睡眠1時間，執筆，ひとりビジネスミーティングなど | 英語 | 英語 |
| 1時限 | 9：20~10：50 | ストレッチ，筋トレ，講義準備等 | 他の大学院講義（外部講義）CostAccounting~10時30分まで | ストレッチ，筋トレ，講義準備等 | 簿記2 | ストレッチ，筋トレ，講義準備等 | ストレッチ，筋トレ，アイデア出し | ストレッチ，筋トレ，アイデア出し |
| 休憩・移動 | 10：50~11：00 | 執筆&ビジネスミーティング | 他大学院から本務校に移動 | 執筆&ビジネスミーティング | 執筆&ビジネスミーティング | 執筆&ビジネスミーティング | 温泉 | 温泉 |
| 2時限 | 11：00~12：30 | 執筆&ビジネスミーティング | 就職相談等 | 執筆&ビジネスミーティング | 簿記2 | 執筆&ビジネスミーティング | ギター | ギター |
| 昼休み | 12：30~13：10 | 昼食&パワーランチ | 昼食&パワーランチ | 昼食&パワーランチ | 昼食&パワーランチ | 昼食&パワーランチ | 昼食 | 昼食 |
| 3時限 | 13：10~14：40 | オフィスアワー1年Cクラス | ゼミ3，4年 | マーケティング2 | 他大学に移動 | 執筆&ビジネスミーティング | 昼寝 | 昼寝 |
| 休憩・移動 | 14：40~14：50 | | | | | | | |
| 4時限 | 14：50~16：20 | ゼミ3，4年 | 経営学2 | マーケティング2 | 他大学（外部講義）Bookkeeping2 | 執筆&ビジネスミーティング | | |
| 夕寝 | 16：30~17：20 | 夕寝 | 夕寝 | 夕寝 | 夕寝 | 夕寝 | | |
| 通勤（夕方帰り） | 17：41~19：38 | 睡眠1時間，英語，中国語，スペイン語，アジア語 | 睡眠1時間，英語，中国語，スペイン語，アジア語 | 睡眠1時間，英語，中国語，スペイン語，アジア語 | 睡眠1時間，英語，中国語，スペイン語，アジア語 | 睡眠1時間，英語，中国語，スペイン語，アジア語 | プール | プール |
| 通勤2 | 19：40~20：30 | 駅から家まで考え事 | 駅から家まで考え事 | 駅から家まで考え事 | 駅から家まで考え事 | 駅から家まで考え事 | | |
| 夕食 | 20：45~21：15 | 夕食 | 夕食 | 夕食 | 夕食 | 夕食 | 夕食 | 夕食 |
| 考え事&犬散歩 | 21：15~10：30 | 考え事&犬散歩 | 考え事&犬散歩 | 考え事&犬散歩 | 考え事&犬散歩 | 考え事&犬散歩 | 考え事&犬散歩 | 考え事&犬散歩 |
| 風呂 | 10：30~11：30 | 温泉 | 温泉 | 温泉 | 温泉 | 温泉 | 温泉 | 温泉 |
| 明日の準備，寝る | ~12：30 | ストレッチ&寝る | ストレッチ&寝る | ストレッチ&寝る | ストレッチ&寝る | ストレッチ&寝る | ストレッチ&寝る | ストレッチ&寝る |

┌─────────────────────────────────────────────┐

**コラム** 自分が中小企業診断士になったときを……
　　　　　　　イメージする

　診断士資格を活かしている人たちは「自分が診断士になったらこうなろう」という具体的なイメージを持っていた人たちが多くいます。「診断士資格を活かして，新しいビジネスプランを会社に提出しよう」とか，「診断士資格を活かして，講演をする講師になろう」というように，イメージが具体的であればあるほど，そのとおりに実現する可能性が高まります。ぜひ資格にチャレンジする最初の段階から，具体的な活用のイメージをつくるようにしてください。驚くほどあっさりそのイメージが実現することもよくあるからです。

└─────────────────────────────────────────────┘

### ① 積極的に動いて人脈をつくる

　もともと営業職からキャリアをはじめた私は，決めたらすぐに動く腰の軽い方でしたので，さっそく本を書いているえらい診断士の先生や，診断士講座の人気講師の先生。プロコンの先生などに，積極的に会いに行くことにしました。

　ただ，勤務時間内に会いに行くには理由が必要でしたので，当時私が通信販売のマーケティングを担当していたビジネス資格講座の，先輩合格者の声を取材して，その内容を販売促進のためのマーケティングツールに活かすという口実をつくりました。つまりそのために先生方に説得材料となるプロの仕事について取材をしにいくというかたちを取ったのです。

　後から思えば，「取材させて下さい」というアプローチは良かったと思います。忙しいプロコンの方や，人気講師の方でも，「取材される」ということは基本的に好きであることが多く，割りとすんなり多くの方に会うことができました。

　そして，一通り取材したあと，「ところで先生は，最初どんな風にして仕事を増やしていったのですか？」と聞くことにより，さまざまな具体的な仕事を得る方法についてノウハウを増やしていけたのです。ただ，多くの方とお話をして一番共通していたのは，「人脈をつくりなさい」ということでした。仕事は人脈から生まれるからです。そして「小さな仕事で信頼を得るようにしなさい」というのも共通した教えでした。

> ### コラム　先輩や，目上の方には礼をつくす
>
> 　診断士取得者の平均年齢は高いので，若い 20 代や 30 代の方が実際に資格を取得してみると，診断士を通じた資格仲間はかなり年配の方が多いと感じるはずです。そこで一つのアドバイスは，「若い診断士の方は，先輩診断士や目上の診断士に礼をつくしたほうがかわいがられますよ」ということです。診断士としての合格年度が同じでも，年配の診断士の方の多くは大企業で部長以上の役職を務めた方が多いので，実務経験ではかなわない部分が多々あると思います。そこで，「まだ若いので，いろいろ教えてください」という姿勢で臨んだほうが，かわいがってもらえて，人脈も広がるのです。逆に若くても取得した年がずいぶん前であれば，合格したばかりの診断士よりも「診断士としての経験」が長く，あなたの知らない世界を知っているかもしれません。いずれにしても，「教えてもらいながら自分が得意なことは情報共有する」という姿勢でのぞめば間違いないでしょう。

② 　**勤め人との二足のわらじで最初に立てた戦略**

　当時の診断士の仕事としては，「公共診断」というものが主流でした。全国の中小企業に公的機関が融資する際に，その前提として診断士がコンサルティングを行い，経営の改善を行うという公的な予算がついた仕事があったのです。

　しかし，その仕事は，全国の企業に実際に出向く仕事だったため，企業勤めの自分にはちょっと無理だと思いました。

　そこで，別の戦略を立てました。まず最初の目標として，「著名になるために本を出す」ということを考えました。なぜなら自分もビジネスを学びながら「ビジネスの本を書いている先生はすごいなあ」と単純に感じていたからです。

　さらにせっかく学んだ診断士の知識もなんとか活かしたいと思い，診断士の受験講師の養成プログラムに受講料 30 万円を払って参加しました。週末を

使った「診断士の講師」も目指そうと思ったのです。その後このプログラムはなくなってしまったので、タイミングよく参加できたのはラッキーだったと思います。

　まずは、実際に少額でも仕事にしないと、モチベーションが持続しないと思っていました。診断士の異業種交流会などにも最初は積極的に顔を出したのですが、安定した大企業出身の方が多く、会議のための会議みたいな印象の会が多かったので、独立を目ざす者としては「これではいけない。投資した学習費用は、実利で戻さないと苦労した甲斐がない」と思いました。

　そんな中で、実際に本を出している診断士の先生の会があり、そこは実利につながるような気がして参加しました。

### ③　まずは小さな仕事から—通信講座の添削，商業雑誌の付録冊子の執筆

　参加してみると、実際に会として、本を流通本として出す企画があるようでした。ただ、たくさんの人が分割して書くので、私が最初に参加させていただいたのは4ページほどでした。それでも公に人の目に触れるはじめての本ですので、4ページの文章を書くのに数十ページも原稿をいろいろなパターンで書いて、何度も直しました。今にしてみれば、このようなトレーニングをしたことが、複数の本を出すときに大変役立ったような気がします。

　そして、講師養成講座を受講した受験指導団体からも、「添削指導をやらないか」というお声がかかりました。1枚500円くらいの添削だったと思いますが、自分も苦労した試験ですので、必死になってお昼休みや、朝晩の時間を使って添削をしました。

　あるとき、休日にファーストフード点の片隅で締切り間近の二次試験むけの添削をしていたところ、ドヤドヤとおばさんの集団が入ってきて、私の真横の席に集団で陣取り、タバコをすぱすぱとすいながら大声で世間話をしはじめました。「なんだろうこの恐ろしいおばさん集団は・・・」と思っていたら、漏れてくる会話の内容から、同い年だということがわかりました。

　「うーん。30代前半でも放っとくとこんな風になってしまうのか、自分はい

同じ年なのか

いつまでも学び続けなくちゃ!!

つまでもフレッシュでいられるように学び続けよう」とココロに強く誓いました。

　そんなある日，商業系のビジネス誌と人脈のある方から，「雑誌の付録の冊子にちょっと書いてみないか」というおさそいがありました。内容は実務的にも良く知っていることだったのですが，診断士としての品位を保ちながら，わかりやすく書くためにはどうしたらいいか，10ページくらいの内容だったのですが，また100ページくらい書いてみて，それを圧縮する作業をしました。

　「わかりやすく書く」というのは，今でもわたくしが最も気をつけているところですが，多くの分量を書いてそこからそぎ落としていくと言う作業がずいぶんトレーニングになったような気がします。

④　最初の執筆の話がきた！　そして講師業，コンサルの話も！

　このような動きを，毎日の勤め人としての仕事をしながらだんだんと広げていきました。本業の売上や利益目標があったので，思うように進まないことが多々ありましたが，「人と同じことをしていても，きっと将来は生き残れない」

と思っていましたので，なんとか時間をやりくりして継続的に活動しました。

　そのような日々の中で，著名な診断士講師の方から，「今度診断士試験の本を出すので，少し手伝わないか？」とお声がかかりました。今度は40ページほとの分量があり，科目の攻略法について説明する内容でした。自分で下絵を描いたイラストを入れてみたり，いろいろ工夫して採用いただき，最初に本を書店でみたときにはとてもうれしかったのを覚えています。

　それから20年以上が過ぎ，改訂書籍を含めると40冊以上の本を出してきましたが，未だに最初の小さな努力仕事を続けながら進めたことが基礎になっていると感じています。

　その後診断士の通学講座の講師の仕事もいただき，なぜか苦手だった会計やファイナンスを教えて人気がでました。自分がわかるまでに苦労したので，わかりやすく教えるノウハウをつくることができたのかもしれません。大企業の昇格試験をつくったり，ダイレクトマーケティングをしている中小企業からのコンサルの話もいただくようになりました。

　いまにして思うと，勤め人としての診断士が，実利を得ていくためには，「小さな仕事が人のつながりを生みはじめる。」ということが基本になっていた

**本業で体系的な知識を活かす !!**

と思います。企業内診断士の駆け出しのころは，何をしたらよいかわからずに戸惑うことかと思いますが，「積極的に人脈をつくる」「目の前にきた小さなチャンスをしっかりこなして信用をつくる」ということを基本にすれば，どんな業界の人でも，チャンスをつくっていけると思います。

そして本業でも診断士の知識を活かしていくことをオススメします。診断士の知識は実務の問題解決に役立つものです。問題解決をしながら，体系的な診断士の知識を使っていくことで，業績もあがり，企業内診断士としてのブランドを高めることができるはずです。

### ⑤ 大学の教員になろうと思ってから

32歳のときにたまたま縁があってある教育ベンチャーの取締役副社長として転職し，それから12年ほど会社役員をしました。診断士で学んだことも実践できてそれなりに面白かったのですが，ベンチャーの副社長というのは微妙な立場で，明らかにそれダメでしょということでもオーナー社長がやりたければ止めることはできませんし，いつも黒子でいなくてはなりません。ちょっと性格的に合わないなあと思っていたころに，何人かのビジネスマンから転身した大学の先生にお会いする機会があり，お話を聞くうちに大学の先生のほうが自分の性格にあっているし，メディアで専門的なコメントするのもだいたい大学の先生だから知識で勝負するならやはり大学の先生にならなければと考えました。世界的に見ても大学教員の職は世界中にあるので，日本が大不況になって大学が経営難になっても，英語で教えられれば世界中のどこかで教えられるだろうという自信もありました。

そこで，懇意にしていただいている大学の先生数名に，「どうやったら大学の先生になれるのですか？」と相談にいったところ，みなさんから「まず修士号，そして博士号を取って，後はチャンスが来るのを待て」というアドバイスをいただきました。その時私はもう37歳でしたので，「先生，今から大学院に何年も通って，結局博士号もとれずに満期退学になったり，博士号を取っても大学の先生になれない人も多いと聞いていますが，大丈夫でしょうか？」

と質問したところ,「建宮君,人生は1回きりなんだから,チャレンジしなくてどうするんだ！ チャンスが来なかったら来るようにするにはどうしたらよいか考えればいいじゃないか！」と激励されました。

そこですぐにインターネットで通える日本の大学院に入学し,2年で修士号,3年で博士号を取得して,大学人脈を広げながらチャンスを待ちました。

実際にチャンスが来たのは3年後で,年度末もおしつまったところで大学側の最終面接で准教授での採用OKをいただき,3月末で役員をやめて,4月からすぐに教壇に立つというかたちで大学教員に転身しました。

もし,私と同じように大学教員の道を目指す方がいるなら,最低限修士号,博士号をとっておくことをお勧めします。実務が非常にすぐれていたり,著名であっても大学の世界では,最低限マスター,できればドクターがないと,運転免許なしで車の運転をしているのと同じように見られてしまいます。世界的にはもっとはっきりしていて,大学教員でDr.がないと「なぜ？」と不思議がられるようです。

博士号を取得してびっくりしたのは,突然著名な世界会議であるAPECで発表する機会を持ったことです。ある日突然携帯電話に経済産業省のAPEC担当官の方からご連絡をいただき,「ドクター建宮。15年ぶりに日本で開催されるAPECで,アジアの担保力を向上させるための英文会計教育の重要性」というテーマで発表してほしい」というオファーをいただきました。その後日本商工会議所のAPEC担当の方からもお電話をいただき,英語による発表草稿,パワーポイントの作成から共同作業を進めさせていただき,仙台で行われた「APEC高級実務者会合」で発表させていただく機会を得ました。

当日ホテルを借り切った会場には通訳がいなかったので,英語しか通じなかったのですが,世界銀行の担当者や,アジア各国の国連関係者,世界の大学関係者の方々とともにディスカッションを行い,提言作りをさせていただくという貴重な経験をさせていただきました。

あとから知ったことですが,私が選ばれたのは英文会計に関する著書がたくさんあったことに加え,実際に英文会計を教えていて,英文会計書籍の著者の

中で博士号を持っているのがたまたま私だけだったということが理由だったようです。

　私の経験から言えることは，知識で勝負すると決めた方がブランド化を目指すのであれば，診断士からスタートして，人生のどこかで博士号に挑戦してみてはどうかということです。思わぬチャンスの扉が開くかもしれません。

**コラム** 自分に限界をもうけず，無理目(むりめ)の仕事でも
トライしてみることが大事

　飛躍的に自分の能力や可能性を高めるコツは，「無理目(むりめ)なこと」に進んでトライすることです。多くの人は映画やドラマのよくあるパターンのように，能力や可能性は，少しずつ段階的に伸びていくもので，その孤独な努力過程を誰かが見ていてくれていて，ある日突然ビッグチャンスが来るという大きな勘違いをしていますが，そんなことはほとんどありません。映画やドラマになるくらい珍しいのです。しかもゆっくり努力しているうちに技術や知識が新しくなって学びなおしになることも多く，誰もあなたの努力を知らない状態のまま年齢が上がってチャンスが減ります。

　現実的にあなたが短期的に能力を飛躍的に伸ばしながら，高いレベルの評価と仕事を同時に手にしようとするなら，自分を甘やかさずに「これは多分今の自分では無理」という仕事に「まわりにチャレンジ宣言をして」から積極的に参加」し，「無理やり一気にレベルを上げる」というのが正しい方法です。

　最初の1週間は死にそうになりますが，人間の順応性は恐ろしいくらいのもので，なかなか死なないし，すぐにそのレベルが「普通」になります。そしてまわりに宣言して宣伝して結果をだせば，すぐに仕事になります。これは多くの成功している人たちのやっていることですので，ぜひご参考にしていただければと思います。

# 第 **4** 章

# 診断士資格を取得して 仕事に活かせる人の 特徴とは

　私は難関と言われる診断士資格を取得したら，ご自身の学習成果を試す意味でも，資格取得にかけた時間とお金の投資に見合うリターンを生み出すチャレンジをして，苦労してレベルアップした成果を味わうべきだと思っています。

　そこで，私の実感として，資格を活かして収益を上げている人はこんな人たちだという典型的な特徴を 20 のチェックリストとして挙げてみました。逆に考えると，資格を活かせない方の特徴は，ここに書かれた 20 の特徴に当てはまらない部分が多い可能性がありますので，このチェックリストを一度ご自身でチェックいただき，考え方や能力開発の方向を検討するヒントにしていただければ，きっと思うような結果が得られるようになっていくのではないかと思います。

# 1 診断士資格を仕事に活かしている人たちの特徴

こんにちは。中小企業診断士の建宮です。この本を手に取られた方の中には、これから診断士の資格にチャレンジする方、すでに資格を取得されて、これからどう活用しようかと思案されている方、または、すでに仕事で活用されていて、どうしたらこの資格をもっと収入アップやキャリアアップに役立てられるのかなとヒントを探されている方などさまざまな方々がいらっしゃると思います。

第4版の改訂にあたっては、「診断士資格を仕事に活かしていく」という軸の中で、そのような方々のヒントになるような内容や、実際に独立コンサルタントとして活躍されている方、企業内で活用されている方などの事例をご紹介していきたいと思います。

私は平成10年4月に診断士資格登録をしてからもう20年以上になります。私のビジネス人生は、診断士資格の学習開始から大きく変わり始め、合格後にさまざまな困難な時期に遭遇したときも「あの難関試験に合格する苦労ができたのだから、私はやれる。大丈夫。」と私の精神的な土台となってくれました。

私の略歴としましては、小さな出版社の広告営業マンからスタートして、その後大手通信教育会社のマーケティング管理者となり、教育ベンチャーの副社長をしながら37歳で一念発起してインターネットで学べる日本の大学院に進み、仕事を続けながら修士号を2年、博士号を3年で取得して、博士号を取得してから3年後にご縁があって大学の准教授に転身し現在に至ります。

診断士資格に取り組み始めた20代には、こんなキャリアになるとは思いませんでしたが、自分の得意なところに集中して紆余曲折しながら進むうちに今のような状況になりました。

その間、さまざまな企画を人と協力しながら本業と並行して実行してきました。執筆業としてはビジネス系の書籍を40冊超世に送り出し、ビジネス教育

私の著書の一部

専門家としては大企業や資格学校へのビジネス教育コンテンツ（出版書籍＋動画講義）の提供，コンサルタントとしては新規事業のビジネスプラン化，具体的な経営問題の解決支援，中小・ベンチャー企業でのビジネスアイデアの実現化支援，キャリア開発の専門家としては，経営知識を人生設計に応用した個人の成功のための教育および転就職サポート，投資家としては不動産投資やネットビジネスを中心とした不労所得ビジネスの展開など，常に複数のビジネスを並行的に展開しながら進めてきました。私にとってはまさに診断士資格は，このような展開ができたスタートラインであり，「診断士資格を取って本当によかった」と思っております。

## 2 | 診断士資格を具体的な収入アップに活かせる人の特徴

　一次，二次試験を通じてストレート合格率4％と言われる診断士資格を取得することは簡単なことではありません。ですので，資格を取得したら時間とお金の投資に見合うリターンを生み出すべきだと思いますが，せっかく資格を取

得しても，思うように収益としての投資効果が生み出せない方も中にはいるようです。

　そして，ネット上などで「あんな資格は取ってもあまり効果がないよ」などと負け惜しみを書いていることがよくあります。

　しかし，私の知人を見ていると，小さなベンチャーから大成長して上場し，富裕層の一人として大成功したり，テレビで頻繁にコメントする誰もが知っている専門家になったり，企業内でかけがえのない頭脳としてのブランドを確立して潤沢（じゅんたく）な収益を得ている方が多くいます。

　果たしてこの違いはどこから来るのでしょうか？　私もずっとそれが気になっていました。

　私自身も診断士資格を取得後，学んだことを活かしてビジネスに活かすことで，資格取得のために投入した時間と労力とコストをはるかに上回る収益を得てきましたので，どうすればこの資格を収益につなげられるのかは自分なりに理解しています。逆に言うと，診断士資格を取得するだけの能力を持ちながら，それを活かせない理由がよくわからなかったので，ずっと気になっていたのです。

　そこで，私の実感として，資格を活かして収益を上げている人はこんな人たちだという典型的な特徴を 20 のチェックリストとして挙げてみました。逆に考えると，資格を活かせない方の特徴は，ここに書かれた 20 の特徴に当てはまらない部分が多い可能性がありますので，このチェックリストを一度ご自身でチェックいただき，考え方や能力開発の方向を検討するヒントにしていただければ，きっと思うような結果が得られるようになっていくのではないかと思います。

　ではまず，私が診断士資格を取得してから出会った資格取得者の方々の中で，**【診断士資格取得をきっかけに結果的に仕事面で収入アップした人】**の特徴を 20 個ほどチェックリスト形式で列記してみたいと思います。

□ 1 目の前の経営問題（特に売上改善策，保有現金増加策）について，明日からできる，実現可能な具体的アイデアが出せる。

□ 2 仕事は人間をつなぐことだと理解していて，専門分野別に必要なときに誰に頼むのか具体的名前を上げることができ，すぐ連絡相談できる。

□ 3 大会社の看板がない状態の客観的な自分のブランド感を冷静に分析できる

□ 4 基本的にお金儲けが好き

□ 5 基本的に自分の才能を信じている

□ 6 あきらめが悪い

□ 7 繰り返しの失敗に強い・失敗の結果をきちんと検証できる

□ 8 お金が取れるレベルの文章力がある

□ 9 自分と違う高い専門性のある仲間を作るのが好き

□ 10 凄い人を素直に凄いと思える

□ 11 頑張っている若手を応援するのが好き

□ 12 人のブランドで飾るより，自分自身がブランドになりたいと思う。

☐ 13 「ちょっとその話絵にしてみて」と言われたら絵が描ける

☐ 14 必要なときは寝ないで仕事できる

☐ 15 自分を取り戻す方法と時間を大事にしている

☐ 16 他人の時間も大事にしている

☐ 17 自分の専門分野について，常に最新の技術情報と導入コストがわかっている

☐ 18 一般論と現実的な経営問題解決策のギャップを理解している

☐ 19 立ち上げたプロジェクトの現実的なスケジューリング（いつ，誰に，何を，どのクオリティで，どのスピードでやってもらうのか，誰がいつそれをチェックして修正するのか）と起こりうる問題について独力で管理できる

☐ 20 仕事以外の趣味や生活ノウハウへのこだわりがあり，雑談で仲良くなるのが得意である。雑談しているときの笑顔がよい

★あなたが自分に当てはまると思った項目の数＿＿＿＿＿＿＿個

　私の実感としては，この 20 のチェックリストの半分以上（10 個以上）が当てはまるのであれば，普通に努力すれば資格を活かした仕事で収益アップが見込めると思います。

　あてはまる項目が 3 個以下だと，なかなか収益につながるような展開になりにくいと思いますので，上記項目でご自身が納得できるものをいくつか選んで取り入れて見られると効果があるのではないかと思います。

　ではチェックリストのそれぞれの内容についてもう少し具体的に解説してみましょう。

### 1 　目の前の経営問題（特に売上改善策，保有現金増加策）について，明日からできる，実現可能な具体的アイデアが出せる

　この具体的な売上改善策，保有現金増加策について具体的なアイデアが出せるというのは，私の目からみて，収益を上げている診断士の方のもっとも顕著(けんちょ)な特徴だと思われます。

　売上増加策の中には，具体的な営業マンのセールス技術教育や，ネット上のマーケティングシステムの改善，マーケティングツール（パンフレットや営業説得ツールなど）の改善，広告の改善，記事露出対策，出店コンサルティング，他社との販売業務提携の締結，自社に不足している顧客資源をもつ企業買収の交渉なども含まれます。

　保有現金増加策の中には，「公的な補助金・融資の獲得援助」や，「金融機関からの融資づけサポート」「社内での予算確保の援助」なども含まれます。

　ここで活躍している人たちは，ようは自分の報酬につながる現金の獲得を自分で積極的にできる人たちです。

　「私のサポートで売上を伸ばし，普通よりも低コストで現金をひっぱってきたので，その一部を私がコンサル報酬としていただきますよ」ということで，報酬を出す側からもわかりやすいですよね。

　ここでいう「具体的な」という意味は，「明日から」「誰に」「どういう話し方で」「何を言うのか」，そして最初のアプローチが失敗したら，「次はどうリ

カバリーするのか」ということが提案できることを言います。

　つまり，「なるほど広告のコスト効果をもっと高めたいのですよね。それでしたら，私が知人のA広告会社のBさんに依頼してもっと安く，いい広告枠をとれるように頼んでみますよ。ついでに貴社の紹介記事が何らかのかたちで出せないかも聞いてみましょう。記事にしやすいような新しいキャンペーンも同時に考えましょう。来週までに具体的なヘッドコピーと盛り込む内容についてまとめてご提案します。それと広告反応の落とし所としてのネットや電話対応は大丈夫ですか？　新規顧客を逃す原因の多くはファーストコンタクトの電話対応やメール対応が悪いことですから，そちらの対応人員の教育や対応マニュアルの改善もさせていただきますよ。明日そちらの部署にお伺いしてもいいですか？」という具体的な提案が打ち合わせの現場でできることが重要です。

　逆に具体的でない提案とは，評論家のような提案です。例えば，

　「そうですねーまずマーケティングの4Pを分析してみましょう。価格，立地，プロモーション，商品などのそれぞれについて検討してみましょう」で，終わってしまうような提案です。

　確かに原理原則に沿った話なのですが，これで終わっては，「それで？　そのあとは具体的にどうやって売上が増えるのですか？　誰に何を勧めればいいのですか？　商品を具体的にどう変えればいいのですか？」と，つっこみどころが満載で，実行する側としては困ってしまうわけです。

　また，よくあるのが「そこにいない人」を前提とした提案で，教科書に載っているような素晴らしいセールス能力がある人が社内にすでにいるという前提で，改善提案を出す人も多いようですが，提案された会社としては，「ところでそんな人は今うちの会社にいないけど，誰がそのセールス活動をやるのですか？　あなたが教えてくれるのですか？　そもそもあなたの提案どおりにあなたがセールスしたとして，本当に提案どおりに結果出せるのですか？　やったことないことを言っているのではないですよね？」とたくさんの「？」が出てしまうわけです。

　ポイントとしては，「自分がアドバイスを受けたら，明日からすぐに実行で

きる」という視点で，提案内容を考えるようにすると具体的かつ現実的になると思います。自分ができないことを他人にアドバイスしても無理ですからね。

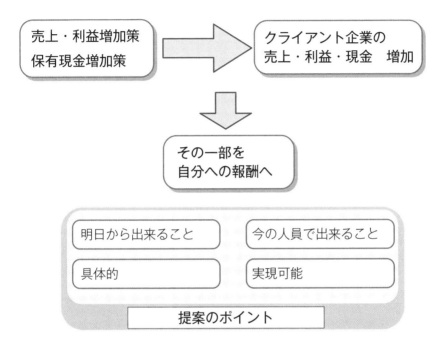

| 売上・利益増加策<br>保有現金増加策 | → | クライアント企業の<br>売上・利益・現金　増加 |

その一部を<br>自分への報酬へ

| 明日から出来ること | 今の人員で出来ること |
| 具体的 | 実現可能 |

提案のポイント

**2** 　仕事は人間をつなぐことだと理解していて，専門分野別に必要なときに誰に頼むのか具体的名前を挙げることができ，すぐ連絡できる

　診断士の仕事には，専門の異なる多くの人脈からの協力で成立するものが多くあります。弁護士，司法書士，行政書士，公認会計士，税理士，社会保険労務士，ファイナンシャルプランナーなどビジネスに直結した専門家だけでなく，不動産鑑定士，建築士や宅建主任者，インテリアコーディネーターなどの不動産系の専門家や，証券アナリストや銀行家など金融関係専門家，IT 関連の専門家，広告プランナー，編集者，記者，人材コーディネーター，公的機関の担当者など，ご自身がかかわるビジネスによって，非常に多岐にわたる専門家たちの協力を得ながらビジネスを組み立て行くことが多いと思います。

　ですので，名刺交換レベルではない具体的に仕事を一緒にやれる人脈を積極的につくっていくことが重要です。たくさん名刺を持っている人をよく見かけますが，「ところでこの中で実際にお金がからむ仕事を一緒にして，信頼できる人は誰？」と聞くと，「いやまだそんな深い仲ではありません」という答えが返ってくることが多々あります。それは人脈というより知り合いです。人脈というのは「あなたのお金やキャリアにからむ相談に対して，何らかのかたちでひと肌脱いで力を貸してくれる人」と考えるとわかりやすいと思います。

　人脈づくりというと多くの夜の飲み会に参加してまずは腹を割ってノミニケーションと言う人も多く，夜のお付き合いは日本の伝統的な人脈づくりとして有効かもしれないなと思います。

　ただ，私はちょっと違った考え方で人脈づくりをしています。私は基本的に朝型で，夜はあまり仕事用の頭が働かないので，アルコールが入る夜のお付き合いはほとんどせず日中にランチをご一緒しましょうといつもお誘いしています。アルコールが入った状態の打合せは，あとで「あれは酒の席のことだから・・・」みたいに都合よくあやふやなことになるため基本的に好きではなく，頭がスッキリしているお昼にお互いシラフでランチをご一緒するのが好きです。朝型の自分を十分理解していますので，朝早くから仕事をする方が好きですし，夜は早く帰って，ゆっくり考える時間や自分を取り戻すプライベートの時間を大事にしたいのです。

　そのようなやり方に切り替えた 30 代前半には，いろいろと軋轢（あつれき）もありましたが，結局 10 年以上のお付き合いがあり，実際に一緒に仕事をしている方々は，「建宮はそういうスタイルの人」ということでご理解いただいています。

　特にこれから診断士試験にチャレンジする方は，「学習時間の確保」が最大の問題になってきますので，もし可能であるなら，夜のお付き合いのある程度の部分はお昼のパワーランチに切り替えていけないかどうかを検討されることをお勧めします。

仕事で生かせる人脈とは！

↓

あなたの資金やキャリアに関する
相談に力を貸してくれる人！！

**3　大会社の看板がない状態の客観的な自分のブランド感を冷静に分析できる**

　診断士取得者の多くは，大企業の要職の方，また要職だった方が多いと思います。実際毎年行われる診断士の更新研修などに行って，新しい方と名刺交換をしたりすると，大企業のオールスター戦のようなメンバーでいつもびっくりします。当然，お仕事の範囲も大企業ならではのビッグビジネスを手掛けられ，取引先もそうそうたる企業の要職の方々ばかりなのですが，所属している大会社の看板ではなく，診断士資格を武器にご自身の名前だけでコンサルティングの仕事で収益を得ようとする場合は，少しバランス感覚が必要になると思います。自分がお金を払ってコンサルティングを依頼する中小企業の社長さんたちの立場になってみれば当たり前のことなのですが，コンサルタントに求めるものは，今目の前で起きている問題（売上不振，現金不足，コスト高で利益圧迫，などなど）を具体的に改善する方法を，自分の会社の規模で可能な方法で，明日から実行できる方法で，自社の社員が毎日の仕事の中で実行できるようあなた自身に指導して欲しいということです。

　大会社を引退して，自分だけの名前で営業活動をすると，過去にどんなことを大会社の一員としてやったのかで評価されるのは最初だけです。指示を出せばやってくれる部下も，大企業ならではの経営資源もない状態になりますので，すぐに相手はあなた自身がその場で示せる実力だけであなたの価値を判断する

ように切り替えてきます。

　相手にとって重要なのは「現場の問題を自分または自分の仲間の範囲で解決できる力」ですので，資格を武器に自分の名前で収益を高めようとする方は，特に大企業で要職にある方はこの点に注意して意識して「現場での問題解決力」をいつも最先端レベルにしておくようにすることをお勧めします。

所属していた会社の
ブランドの賞味期限は
最初だけと，心得よ！

現場の問題をあなたとあなたの仲間で
現実的に解決をする

問題解決技術に
報酬が支払われる！

[4]　**基本的にお金儲けが好き**

　ビジネスは，どんなにきれいごとを言っても結局はお金を儲けるためのプロセスです。ですので，世のため人のためになるというだけでなく，「お金が儲かるかどうか，現金が増えるかどうか」が重要です。「儲かるかどうかお金の問題はひとまずおいて，みんなが喜ぶじゃないですか」みたいなアイデアを話す人がけっこういますが，それはボランティアですので自分のお金で趣味としてやればよいことです。儲からないビジネスアイデアで他人から収益を得たり，出資を受けたり，融資を受けたりすることは無理ですので，プロを目指す方は，常にそのアドバイスは，「売上を上げるのか」「利益を増やすのか」「現金を増やすのか」「バランスシートを健全化するのか」「新たな売上をつくるのか」の

どれに関連するものかを意識する必要があると思います。プロのコンサルタントの方はいつもそういうことを気にして生活していますので基本的にお金儲けが好きですし，新しい合法的なお金儲けのやり方に対しては鼻が利きます。

　クライアントも，新しい合法的なお金の儲け方の情報を常に求めてきますので，基本的にお金儲けが好きでないと，相手のニーズに応えていけないのです。

| | |
|---|---|
| もっと上手に | もっと早く |
| もっと効率的に | もっと儲かるように |

**いつもビジネスのアンテナを張っておこう**

### 5　基本的に自分の才能を信じている

　実際にビジネスコンサルティングの世界に一歩踏み出してみればわかると思いますが，世の中には「本当に優秀な人」がそれぞれの分野でいっぱいいます。学歴も人脈も経歴もすごい人は本当にいっぱいいるのです。つまりあなたがすごく優秀だとしても，上には上がいると思ってほぼ間違いありません。

　私もここ 20 年弱の中で，自分がどんなに考えてもよい改善策が見つからないときに，目の前で，ほんの 5 分で，私では考えもつかない，しかも現実的に実行可能な改善策を考えだす人たちにたくさんお会いしました。あなたがプロとして収益を得ようとするということは，そういう本当に優秀な人たちの中でドキドキしながらも平然と自分の意見をいいながら，自分の優秀さを示し続けなければいけないということですので，自分の才能を信じていなければつぶれてしまいます。

　自分の才能を信じるためには，「自分が得意なことに集中して，普通ではなく突き抜ける高さまで高めることが重要」です。得意なことというのは，「あまり努力しなくても，普通の人よりかなりうまくやれること」です。努力しないでも十分優秀な部分で戦わないと，本当に優秀な人たちのカタマリの中では

継続的に勝ちつづけることはできず，だいたい無理がたたって病気になってしまいます。まずは自分の得意な部分を明確にして，そこにお金と時間と労力を集中的に投下することで突き抜けるレベルまで高め，その得意な部分を信じきることが肝要です。

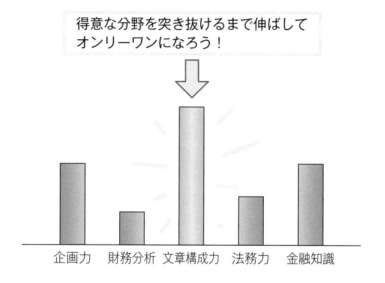

得意な分野を突き抜けるまで伸ばして
オンリーワンになろう！

企画力　財務分析　文章構成力　法務力　金融知識

### 6　あきらめが悪い

　5番の内容を見て，「うーん自分はそんなにものすごく優秀ではないから難しいのかな・・・」と思った方もいるかとは思いますが，安心してください。すごく優秀な人の多くはすごくあきらめるのが早いという特徴を持っています。

　なんでもあまり努力しないで手に入ってきたので，ちょっと失敗すると「いやーこれは私には向いてないね」といって，あきらめてくれます。しかし，ビジネスの現場では，「10個やったら9個失敗するのが普通」なので，コンサルタントにお金を出す側が望むのは「優秀よりも，あきらめずに最後まで一緒にがんばってくれる人」です。結局あきらめずに，改善を繰り返しながらしつこく続ける人が勝つようになっているのです。資格も同じで「合格するまで頑張

る人」が合格するようになっているのです。そういう意味では「あきらめが悪い」ことは一種の才能ですので，あきらめが悪い人は自信を持っていいと思います。

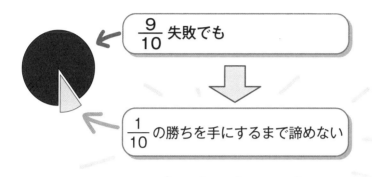

$\dfrac{9}{10}$ 失敗でも

$\dfrac{1}{10}$ の勝ちを手にするまで諦めない

<u>7</u>　繰り返しの失敗に強い・失敗の結果をきちんと検証できる

これは6番とも共通した要素なのですが，ビジネスは繰り返し失敗するのが当たりまえです。しかし，ほとんどの新しいアイデアや，経営改善案は，「1回か2回で成功する」という現実離れしたプランでできあがっています。みなさんははじめて自転車に乗った時に，1回か2回で乗れるようになりましたか？

そんな天才はあまりいませんよね。いたとしてもたぶんまぐれだと思います。5回も10回も転ぶ中で，「ああこうやったら転ぶからやっちゃだめ」「なるほどこうやったら転ばないのだな」と小さな改善ポイントをその都度学習し，繰り返し体で覚えてやっと乗れるようになるのが普通です。

多くの会社では，新規ビジネスや新しい企画，キャンペーンなどを計画し，実行まではしますが，「なぜ成功したのか」「なぜ失敗したのか」という結果の検証はほとんどしません。なぜしないかというと，きちんと検証すると本当のことがわかってしまうからです。例えば成功した場合をきちんと検証した結果「ただ景気がよかっただけ」「たまたまラッキーだった」ということもよくあります。しかし担当者としては「自分ががんばったおかげで成功した」と思いた

いので結果検証はしたくないのです。失敗した場合でもきちんと検証すると，「担当者の能力不足」「仕事の進め方や，取引先の感情を読むのが雑すぎ」「そもそもプランが甘すぎ」ということが明らかになることが多いのですが，「いやー景気が悪いですからねえ」という言い訳を使いたいので，結果検証したくないのです。

　しかし，ビジネスドクターのプロとして収益を得ていくのであれば，結果検証をきちんとして，成功失敗の原因を事実面から把握し，今より1センチずつでも前に進めるように改善していかなくてはなりません。

　私が20代のころに教わった診断士の先生は，「20年選手と言って奢ってはいけません」とよく言っていました。一つの道を20年続けていればプロのような気持ちになりますが，「同じことを同じレベルで毎年続けているだけの20年選手」は，「毎日反省して改善しようと努力する1年生に，ほんの1年後に抜かれる」からだというのです。私はそのとき大変この言葉に感動して，「日々改善して1年生に抜かれてはいけない」と今でも思っています。

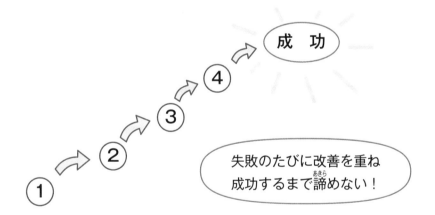

失敗のたびに改善を重ね
成功するまで諦めない！

8　お金が取れるレベルの文章力がある

　診断士の仕事として多いのは，「文章を通じて自分の考えを世に広める」という仕事です。ですので，文章を「お金が取れるレベルで」書けるようにトレ

ーニングしておく必要があります。こういうことを言うと,「いやー僕は日本人ですから日本語はばっちりですよ」とかいう人がいるのですが,そういうことを言っているのではなく,「自分で一から理解するより,お金を払ってでも凝縮された知恵を得た方がほうが得」と思わせるような文章を書くトレーニングをしたほうがいいですよ。ということです。そもそも人は,なぜ他人の書いた文章にお金を払うのでしょうか? 例えばビジネス系の知識について考えてみると会計の知識や,ファイナンスの知識やマーケティングの知識,経営戦略の知識などは,「そもそも英語の知識」です。もとになっている原書は,ほぼ全部海外の学者やコンサルタントが英語で書いた知識なのです。ですので,英語で読む力がある人は,英語の原著をアマゾンなどで購入して読めばいいはずなのですが,日本語でこれらの知識をわかりやすく書きなおした本もよく売れています。

マーケティングとは,
相手がほしいものを用意して,喜んでいただく。
そんなことなんだよ!

お子さんでもわかる表現で,
難しいことを伝える!

　なぜそういうことが起きるかといえば読者からみれば「英語で読むのは大変面倒くさいから」「なるべく楽に早く使える知識を，ポイントを絞って手にしたいから」です。つまり「難しいことをわかりやすく説明してくれる技術」に対してお金を払っているのです。

　難しいことを難しく書くのは誰でもできるのです。しかも売れません。難しいことを子供にでもわかるように書こうとすると，それは完全に理解した上で，子供でもわかる言葉に変換しながら，例示を豊富にしめさなくてはいけないので大変なのです。文章で収益を得ようと考える方は，このポイントをよく理解して，難しいことをわかりやすく説明できるようトレーニングすることをお勧めします。

### 9　自分と違う高い専門性のある仲間を作るのが好き

　診断士資格の面白いところは，資格取得者の専門性がバラバラだということです。ITの専門家もいれば，会計や法律の専門家や，マーケティングの専門家，製造の専門家などなど，お会いする方々はみんな違う専門性を持ってい

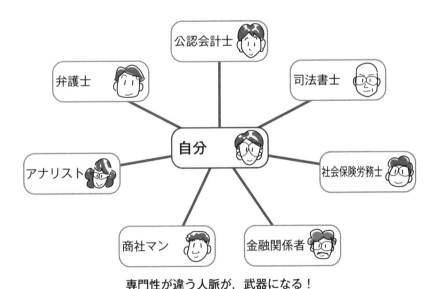

**専門性が違う人脈が，武器になる！**

ます。ですので，そういう専門性の高い方々が，それぞれ何が得意なのかを理解しながら，人脈を構築していくことが収益を生むコツです。そして自分にできないことがあったら，人脈の中で対応できそうな人と組んで仕事をすればよいのです。まず小さな仕事を一緒にしてみれば，その人が求める専門性を持った人なのかどうかもわかりますし，仕事やお金に対して真摯でクリーンな人かどうかもよくわかります。特に自分が苦手で，世の中のニーズは増えるだろうと思われる分野の専門家とは仲良くしておきましょう。

## 10 凄い人を素直に凄いと思える

　これは，診断士として仕事をする場合に限ったことではないのですが，本当に凄い人に会ったときには，「いやーＡさんは本当に凄いよね！」と素直に言える人と，「まあたいしたことないよ。それより私の方が凄いでしょ」とすぐ自分と比較してしまう人に分かれると思います。

　前者の人は，よいものを吸収しようという前向きな人で，後者の人は，よいものが目の前にあるのに，それを正しく評価するよりも自分のジェラシーを大事にしてしまうあまり成長しない人」だと思われます。

　日本は基本的にジェラシーの社会なので，後者になりがちなのですが，プロ

として仕事をしていくのであれば，「本当に凄い人」の力を借りなくては，他社との競争に勝ち続けていけません。前向きな気持ちで常に優れた人を認めて学習することをお勧めします。

11　頑張っている若手を応援するのが好き

　40歳をすぎたら，体力や新しいものへの柔軟性は20代，30代よりも劣ってきます。ですので，頑張っている若手を育て始めましょう。一緒に仕事をしてもよいと思いますし，時々会って情報交換したりしてもよいと思います。

　どんなに若い気持ちでいても，20代30代のみずみずしい感性や情報感覚を保つことは難しいと思います。そこはがんばらずに，若手から情報を得ながら，経験を持ってお返しをしていくというよい循環をつくることがお勧めです。

　私も若いときに多くのチャンスを先輩からいただきました。私がよく相談に乗っていただくのは60～80代の方が多かったのですが，人生の節目で，ご経験をもとにした深い洞察をアドバイスとしていただきました。37歳のときに

自分の経験・人脈は！

win-winの関係が大切

若い人の情報・アイデアを吸収する

インターネット大学院に進むことを決意したのも，そのような方々からのアドバイスを聞いて決断したことです。20 代の優秀な若手の方にいろいろ好き勝手な助言をしているうちに，相手の方が急速に成長して，あっという間に一緒に仕事をする仲間になることもあります。優秀な若手を応援しましょう。

## 12　人のブランドで飾るより，自分自身がブランドになりたいと思う

　私が見る限り，本当に成功している人たちというのは，自分自身がブランド化していて，周りの人たちは，その人が着ていれば，たとえ 1,000 円のシャツでも数万円のシャツに見え，1,500 円の腕時計でも 100 万円の腕時計のように見えています。私が師とあおぐえらいおじいさんたちは，みんなそんな感じで，質のよいものやデザインのよいものを身につけていらっしゃるのですが人から見える場所にはだいたいブランド名が入っていません。どうやら本当に成功している人たちは，他人の名前のブランドが目立つようなものを身につけるのはあまり好きではないようです。おそらく自分に自信があるから，他人のブランドで自分を飾る必要性を感じないのだと思います。

**自分自身をブランド化することが大事！**

　これに対してサラリーマンから，ベンチャー経営陣の一員となり，ベンチャー経営層の方とお付き合いするようになったときに感じたのは「他人の名前のブランド品が大好きな人が多いなあ」ということです。たまにお会いすると，最近手に入れた有名なブランドの服や車，腕時計の話などを延々と説明してくれるのですが，私はほとんど興味がありませんでした。まあもとが貧乏育ちなので，それぞれのブランドの価値がよくわからないということもあったのですが，なんで高いお金を払って他人の名前をわざわざ宣伝しなくてはいけないのか，ちょっと不思議だったのです。

　たぶんビジネスで成功して，収入のステップが上がっていく段階の中には，一時的に他人の名前のブランドにはまる時期があるのだと思います。ただ，プロとしてやっていくということは，「自分をブランド化する」ことですので，どこかでそれは卒業して「自分ブランド」を高めていくことに集中するほうがよいのかなと思います。

### 13　「ちょっとその話を1枚の絵にしてみて」と言われたら全体の絵が描ける

　仕事の全体像を説明するときに，1枚の絵にできるということは全体を完全に理解しているということです。全体構造の有効性が明確になって，はじめて細部の構造を説明する意味が出てきます。

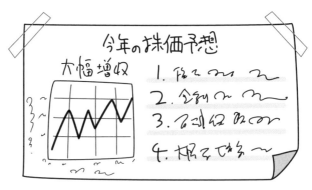

図表の内容は1枚で完結させる！
文書での説明はＡ4，1頁にまとめる！

　パワーポイントのプレゼンが主流になった弊害として，細部の構造は細かく説明できるのに，全体構造が有効性のあるかたちに組めていないようなビジネスプランを見ることが多々あります。

　しかし，それでは投資や融資をつけて，スタートアップすることは難しいと思いますので，「全体を1枚の絵に描いて，どこで誰がどれぐらいいつまでに儲かるのか」がぱっと一目でわかるようにできるようトレーニングすることをお勧めします。最近パワーポイントに代わるプレゼンツールとして Prezi を使う方も増えてきていますが，これはまず最初に全体構造を1枚の絵にして，それから各細部にフォーカスしながら話を進めていくのにとても役に立ちます。ネットで調べて無料のお試しバージョンを使ってみることをお勧めします。

## 14　必要なときは寝ないで仕事できる

　本当は寝ないで仕事しなくて済むようにスケジューリングするのがプロだと思いますが，ビジネスはアクシデントがつきものなので，どんなにち密に計画していても，締め切り前にトラブルがあって，今夜中になんとかしなくてはいけないことは多々あります。

緊急時は寝ないで集中する粘りが必要

　そういうときに備えて常に体調を整えておくこともプロとしては必要だと思います。なぜなら取引先は，その「あきらめない粘りと体力」を信頼するからです。

[15]　自分を取り戻す方法と時間を大事にしている

　成功している方々は，ほぼ例外なく，ビジネスのオンとプライベートのオフを切り替えるのが上手です。そして，「煮詰まったときにはこうしよう」という自分なりの方法論を確立しています。それはスポーツであったり，お酒をたしなむことだったり，人と会うことだったり，プチ旅行にいくことだったり人それぞれですが，忙しい人ほど，忙しい時間の間を縫って，「我に帰る時間」をねん出し，大事にしています。長いビジネス人生の中では張りつめたままでは糸が切れて病気になってしまいますので，「リラックスできる時間」をつくることが重要なのです。私の場合は，「温泉に入る」「ギターを弾く」というのが我に返る一番効果的な方法で，忙しいときほど頻繁に切り替えをするので，ギターがうまくなったり，手がふやけたりしています。

ON の状態　　　　　　　　OFF の状態

ON の時と OFF の時のメリハリを付ける

休む時間も必要。ビジネスの後は必ず体
にも鋭気を補給する！

## 16 他人の時間も大事にしている

チームで仕事をしていると気がつくのが，「ああこの人は他人の時間を大事にしているなあ」という人です。仕事の依頼の仕方も，こちらの都合を十分に考えたかたちでしていただけると，こちらも「じゃあプラスアルファでがんばらなくては」とやる気になります。

逆に他人の時間を大事にしない人は，金曜日の夕方に，「これ，週明けまでにやっておいてください，月曜日にお返事ください」とか言ってきます。そのくせに，じゃあ土日も検討事項について連絡していいですか？と言うと，「いえ，私土日は仕事しない主義なので。」とか言ってきます。こういう人とはもう一緒に仕事したくないなあと誰もが思うはずですし，長期的に見て成功しないと思います。プロとして長く信頼を得ようとするなら，他人の時間も大事にしましょう。

自分と周囲の人との時間も，
同じように大切にする！

## 17 自分の専門分野について，常に最新の技術情報と導入コストがわかっている

自分の専門分野については，どんな最新技術があって，いくらくらいで導入できるのかは毎日チェックしておくべきです。なぜならクライアントに聞かれ

るからです。聞かれたときに，「え，最近ではそんなことができるのですか？」とか「まあ技術の内容は知っていますが，いくらくらいかはちょっとわかりません」と言っては終わりです。

　プロとしての品質を満たしていないという評価を受けますので，常に最新技術情報と導入コストについてはチェックしておきましょう。

最新技術　　　　　　　導入コスト

導入スケジュール　　　推定事項

いつでも最新情報を，
すぐに答えられるように，
トレーニングしておこう

## 18　一般論と現実的な経営問題解決策のギャップを理解している

　これも仕事がとれない方に多いのですが，本に書いてあることをそのままクライアントに説明して，何か経営改善が進むと考えるのは間違いです。なぜなら時代背景も，かかわっているメンバーの能力も，経営資源も競争環境もまったく違うところに，そのまま成功事例が適用できるはずがないからです。

　ふつうは，本に書いてあることをそのままやろうとすると失敗します。

　クライアントに提案するときは，「こういう成功事例がありますが，貴社で展開するならこのように変えないと使えませんよ」または「こういう失敗事例がありますが，貴社で実施する場合には，一番気をつけるのはここです」とい

うように現実に合うようにカスタマイズしなくてはなりません。一般論はあくまで成功・失敗事例を抽象化した考え方の枠ですから，現実的な経営問題に使えるようにアレンジしましょう。

## 19 立ち上げたプロジェクトの現実的なスケジューリングと起こりうる問題について独力で管理できる

いろいろアドバイスして，絵を描いて，人を当て込んで，お金もつけて，スタートしたらあとは勝手にどうぞというのではクライアントも困ってしまいま

す。現実的なスケジューリングと，起こりうる問題に対する対処をまずは自分がやってみせて，それをクライアントの社員ができるように教育していかなければ，継続的な企業収益の改善とはなりません。分析と改善案だけを提示しても，ほとんどのクライアントはその通りに実行できませんので，プロジェクトの進行を伴走しながら進めていけるような現場対応力を持つことが必要です。

**20** 仕事以外の趣味や生活ノウハウへのこだわりがあり，雑談で仲良くなるのが得意である。雑談しているときの笑顔がよい

　取引先や，ビジネスチームのメンバーと個人的に懇意(こんい)になるのは，ちょっとした雑談の中で垣間見える趣味や生活ノウハウなどの面白さです。そういう好きなことをやっているときにいい笑顔をする人は，チームメンバーやクライアントからもよい評価を受けているようですので，仕事以外の話しもできるようにプライベートも大事にしましょう。

不思議なことですが，

仕事以外の話題・雑談が
充実している人ほど
いい仕事をしている！

# 第5章

# 中小企業診断士試験制度と学習法

　本章では，診断士試験の具体的な学習内容や，試験制度の仕組み，受験者の実態データ，診断士試験に効率的に合格するコツなどについてご紹介します。

　診断士試験は第一次試験，第二次試験，第三次試験（経営診断実習）と三段階になっており，それぞれの段階の試験には，ちゃんとした経営コンサルタント育成上の意味があります。それぞれの段階を踏んで学習を進めることで，段階的に経営者にプロとしての経営アドバイスができる人材が育成されるように構成されているのです。

　逆にいえば，その仕組みをきちんと理解して学習すると，膨大に思える一次試験の内容から，出題される領域が推測でき，二次試験でもスジの通ったペーパー上の経営診断ができるようになり，三次試験であわてることなく短期間での集中した経営診断実習がこなせるようになります。

　診断士試験は，科目合格制度が導入されて，トライしやすい資格になっていますので，ぜひ本章を読んで，次の診断士試験にチャレンジしてください。

# 1 試験の概要と仕組み

## ●診断士一次試験の概要

第4章までで，診断士資格の魅力をご紹介してきましたが，実際に診断士資格を取得するには，国家試験に合格しなくてはなりません。

ここからは，診断士試験の具体的な内容についてご案内したいと思います。

まず，この中小企業診断士という国家資格試験は，中小企業支援法（昭和38年法律第147号）第12条第1項の規定に基づくもので以下のような3段階の試験となっています。

【第一次試験】（実施予定日）

受験資格：年齢，性別，学歴等に関係なく，だれでも受験することができる。

試験期日：例年8月上旬の土日2日間で実施（令和元年例　8月3日（土曜日）及び8月4日（日曜日））

試験科目及び方法：第一次試験は，次に掲げる科目について，多肢選択式による筆記の方法により行う。

なお，他の国家試験の合格者等及び前年度第一次試験の一部の科目に合格した者に対して，その者の申請により試験科目の一部の受験を免除することができるものとする。

(1)　経済学・経済政策
(2)　財務・会計
(3)　企業経営理論
(4)　運営管理（オペレーション・マネジメント）

(5)　経営法務

(6)　経営情報システム

(7)　中小企業経営・中小企業政策

合格基準：

(1)　第一次試験の合格基準は，総点数の 60％ 以上であって，かつ1科目でも満点の 40％ 未満のないことを基準とし，試験委員会が相当と認めた得点比率とする。

(2)　科目合格基準は，満点の 60％ を基準として，試験委員会が相当と認めた得点比率とする。

科目合格の有効期限：科目合格の有効期限は，3 年間です。一部の科目だけに合格した場合は，翌年度及び翌々年度の第一次試験を受験する際，受験者からの申請により当該科目が免除され，3 年間で 7 科目すべての科目に合格すれば第一次試験合格となり，第二次試験が受けられます。

試験地：札幌，仙台，東京，名古屋，大阪，広島，福岡の各地区

試験の実施に関する事務を行う機関：社団法人中小企業診断協会

受験手数料：13,000 円（令和元年例）

受験申込書等の用紙の交付：例年 5 月上旬から 6 月第 1 週の間に郵送にて受験申込書を請求し，郵送にて申込み受付

**合格発表**

（1）第一次試験合格者：9 月上旬の指定された日に，社団法人中小企業診断協会のホームページにおいて合格者の受験番号を掲載するとともに，社団法人中小企業診断協会及び各支部において合格者の受験番号を掲示する。

また，第一次試験合格者本人には，社団法人中小企業診断協会から中小企業診断士第一次試験合格証書を交付する。

（2）科目合格者：9 月上旬に，社団法人中小企業診断協会のホームページにおいて科目合格者の受験番号を掲載する。

また，科目合格者本人には，社団法人中小企業診断協会から科目合格通知書を交付する。

## ●診断士二次試験の概要

【第二次試験】

受験資格：第一次試験に合格した者

試験期日：(実施予定日)

（1）筆記試験：例年 10 月下旬の日曜日（令和元年度例　10 月 20 日（日曜日））

（2）口述試験：例年 12 月中旬の日曜日（令和元年度例　12 月 15 日（日曜日））

試験科目及び方法：第二次試験は，中小企業の診断及び助言に関する実務の事例について，短答式又は論文式による筆記試験を行い，当該筆記試験において相当の成績を得た者について口述試験を行う。

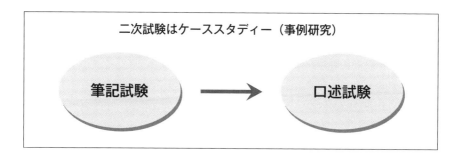

**合格基準**：筆記試験における総点数の 60% 以上でかつ 1 科目でも 40% 未満のものがない者であって，口述試験における評定が 60% 以上のもの。

**試験地**：札幌，仙台，東京，名古屋，大阪，広島，福岡の各地区

**試験の実施に関する事務を行う機関**：社団法人中小企業診断協会

**受験手数料**：17,200 円（令和元年度例）

### 受験申込書等の用紙の交付
**交付期間**：例年 8 月下旬から 9 月中旬までに郵送にて受験申込書を申請し，郵送にて受付。（令和元年度例　8 月 23 日（月曜日）から 9 月 17 日（火曜日）まで（土曜日，日曜日及び祝日は除く）の午前 9 時から午後 5 時まで）

**口述試験を受ける資格を得た者の発表**：例年 12 月上旬（令和元年度例 12 月 6 日（金曜日））に，社団法人中小企業診断協会のホームページにおいて合格者の受験番号を掲載するとともに，社団法人中小企業診断協会及び各支部において合格者の受験番号を掲示する。

また，口述試験を受ける資格を得た者本人には，社団法人中小企業診断協会から中小企業診断士口述試験案内を郵送する。

合格発表：例年1月上旬（令和2年例　1月5日（火曜日））に，社団法人中小企業診断協会のホームページにおいて合格者の受験番号を掲示するとともに，各支部において合格者の受験番号を掲示する。

また，第二次試験合格者本人には，社団法人中小企業診断協会から中小企業診断士第二次試験合格証書を交付する。

## ●中小企業診断士養成課程という選択肢

中小企業診断士になるためには，計7科目ある一次試験を通過し，次に計4つの事例問題を解く二次試験を突破し，更に実際の企業でコンサルティングを行う三次試験をクリアしなければなりません。

でも，実は二次試験・三次試験を受けずに，一定期間の実践教育を受けることで中小企業診断士になるという選択肢もあります。それが"中小企業診断士養成課程"です。この"中小企業診断士養成課程"では，一次試験の内容から更に一歩踏み込んだ実践的な講義と，計300時間を超える実習（計5社）を行います。これらを経て合格基準をクリアすれば，中小企業診断士として登録できるようになるのです。

ただ，もちろん条件・制約はあります。まずは，受験資格があるか否かです。中小企業診断士養成課程を受験するためには，一次試験には合格しており，更に二次試験の受験資格を持っている状態でなければなりません。

次に，学費を準備できるか否かです。中小企業診断士養成課程は実施機関によって差はありますが，200万円〜350万円ほどの学費が必要となります。

最後に，時間を捻出できるか否かです。例えば，50年以上の歴史があり，これまでに8,000人以上の中小企業診断士を輩出している"中小企業大学校"は，約6カ月間と期間は短いですが，フルタイムで通う必要があります。そのため，多くの方は"企業派遣"で通っています。もちろん，自費で通っている方もいます。彼らは，会社を休職・退職したりしていますが，充実した学習環境の中で有意義な半年間を過ごして中小企業診断士になっています。

中小企業診断士養成課程の中には，仕事を続けながら平日夜間・土日で通う

ことができるコースもあります。

　例えば、日本マンパワーの中小企業診断士養成課程は、平日夜間と土曜日の講義で構成されており、仕事を辞めずに1年間で中小企業診断士になることができます。

　筆者（酒井）が修了した東洋大学大学院のビジネス・会計ファイナンス専攻の中小企業診断士登録養成コースの場合、平日夜間と土日昼間の講義で構成されており、仕事を辞めずに2年間で中小企業診断士と経営学の修士号を手にすることができます。もちろん、経営学修士になるのですから、診断実習の報告書とは別に"修士論文"も書く必要があります。

　フルタイムではない養成課程でも、企業に訪問する必要がある実習期間中は、平日の日中を数日間は捻出する必要があるようです。その場合は、有給休暇等で対応することになるでしょう。詳しくは、各実施機関の説明会等で聞いてみてください。

　なお、現（2019年8月）時点では、中小企業診断士養成課程は計14の実施機関で行われているようです。詳しくは、中小企業庁のHPにある"養成課程・登録養成課程実施機関一覧"をご参照ください。

**養成課程実施機関**

　独立行政法人中小企業基盤整備機構 中小企業大学校東京校（電話：042-565-1270）

**登録養成課程実施機関**

　法政大学（電話：03-3264-4341）
　公益財団法人日本生産性本部（電話：03-3409-1129）
　株式会社日本マンパワー（電話：03-5294-5040）
　栗本学園/名古屋商科大学(電話：052-203-8111)
　一般社団法人中部産業連盟（電話：052-931-5123）

東海学園（電話：0561-36-5555）

東洋大学（電話：03-3945-7250）

千葉学園/千葉商科大学（電話：047-373-9755）

兵庫県立大学（電話：078-794-5209）

城西大学（電話：03-6238-1050）

一般社団法人福岡県中小企業診断士協会（電話：092-710-7790）

札幌商工会議所（電話：011-261-6515）

日本工業大学（電話：03-3511-7591）

●診断士三次試験の概要

【第三次試験（実務補習）】

中小企業診断士第二次試験に合格後，3年以内に実務補習を15日以上受けるか，診断実務に15日以上従事することにより，中小企業診断士としての登録を行うことができます。

**三次試験はコンサルティング実習**

詳細は㈳中小企業診断協会のホームページをご覧下さい。

http://www.j-smeca.jp/contents/005_jitsumuhoshu.html

## 試験制度改革で取得しやすくなった

### ●科目合格制で合格しやすくなった診断士試験

　診断士試験は，ここ数年で大きく変わりました。一番の変化は，一次試験が「科目合格制」になったということと，科目数が8科目から7科目に減ったことです。

　私が受験したころは，8科目で全科目一発合格（全科目の平均点が60点以上で，40点以下の科目が一つもないこと）でしか合格できませんでしたので，この制度改訂は大変なチャンスだと思います。

　科目合格の有効期限は3年間ですので，3年間にわたって少しずつ合格していくことができるということです。これは働きながら資格取得を目指すビジネスパーソンの方には大変なメリットだと思います。

　基本戦略としては，まず得意な科目を集中学習して合格し，それから苦手科目をじっくり学習して合格するのがよいと思います。

　経営の知識は時間をかけて何回も繰り返し学習すれば理解できるものがほとんどですので，先にいくつか得意な科目で合格してしまえば，残りの学習時間を集中的に苦手科目にあてることができます。

　苦手なものは集中的に時間と労力をかけて反復練習するのがもっともよい学習方法ですので，このような戦略をとれば早期に全科目合格できるでしょう。

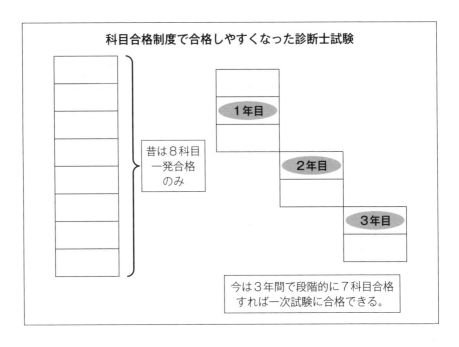

**科目合格制度で合格しやすくなった診断士試験**

昔は8科目
一発合格
のみ

1年目

2年目

3年目

今は3年間で段階的に7科目合格
すれば一次試験に合格できる。

---

**コラム**　**受験学習では，過去問の出題分析が重要**

　実際に試験学習をはじめると，診断士試験の膨大な試験範囲に唖然とするかもしれません。しかし，実際に試験にでるところは，だいたい傾向がありますので，まず最初に過去問題を数年分入手して，傾向分析をすることがとても大事です。出ないところばかり学習しても試験には受かりませんので，出るところを徹底的に学習することが大事です。

　この最初のステップをやらずに学習を進めると大変効率が悪くなりますので，かならず最初に試験傾向を分析することをお勧めします。

# 3 受験者の実態

それではここで，診断士一次試験受験者の近年の傾向を，中小企業診断協会が公表しているデータを使って分析し，その実態を見てみましょう。

### ●受験者数の増加と合格率アップの傾向が顕著に！

ここ数年の傾向を見ると，受験者が急速に増えつつ，合格率も増えているという顕著な傾向がでてきています。

男女別の受験者についてのデータを，受験申込者数，合格者数，合格率で以下にグラフで示します。

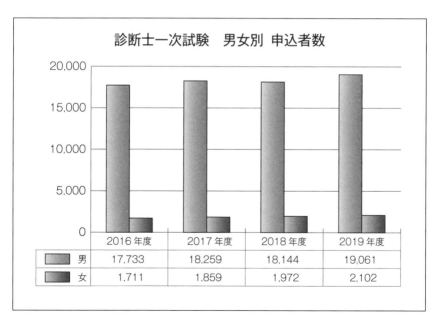

診断士一次試験　男女別　申込者数

| | 2016年度 | 2017年度 | 2018年度 | 2019年度 |
|---|---|---|---|---|
| 男 | 17,733 | 18,259 | 18,144 | 19,061 |
| 女 | 1,711 | 1,859 | 1,972 | 2,102 |

男性女性ともに受験申込者が増えていますね。普通に考えれば，申込者が増えると合格率は下がるのですが…

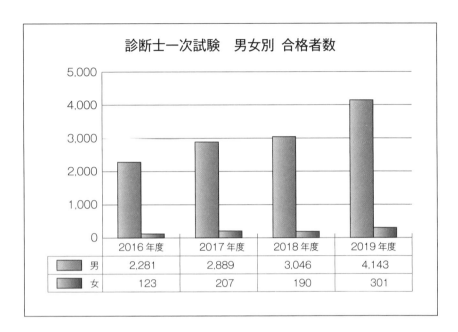

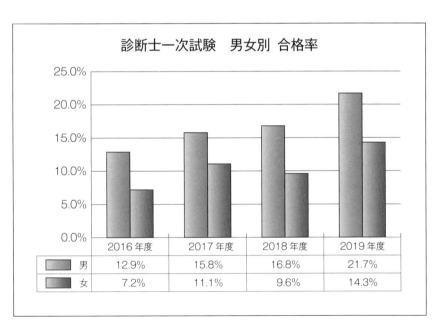

男女別の合格者数は，それぞれ申込者数の増加を上回っているようです。

合格率をみるとよりわかりやすいのですが，男性はここ4年で8.8%も合格率がアップしており，女性も7.1%も合格率がアップしています。これは一次試験はよりチャレンジしやすくなった！　ということかもしれませんね。

● 人生100年時代を見据えてか？　コアの30代〜50代に加えて，60代以上のシニア合格者・合格率が高まる

以前から30代〜50代の受験者が中心であり，全体の合格率アップ傾向からこの年代の合格率がさらに高まっているようです。さらに新たな特徴として，60代以上のシニア世代の受験者，合格者，合格率の伸びがみられます。

これは人生100年時代を見据えて，次の活躍の場を求める方々が真剣に参入してきたと考えられるので，若い受験者も負けてはいられませんね！

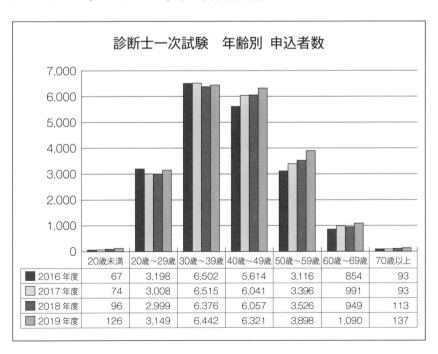

| | 20歳未満 | 20歳〜29歳 | 30歳〜39歳 | 40歳〜49歳 | 50歳〜59歳 | 60歳〜69歳 | 70歳以上 |
|---|---|---|---|---|---|---|---|
| 2016年度 | 67 | 3,198 | 6,502 | 5,614 | 3,116 | 854 | 93 |
| 2017年度 | 74 | 3,008 | 6,515 | 6,041 | 3,396 | 991 | 93 |
| 2018年度 | 96 | 2,999 | 6,376 | 6,057 | 3,526 | 949 | 113 |
| 2019年度 | 126 | 3,149 | 6,442 | 6,321 | 3,898 | 1,090 | 137 |

診断士一次試験　年齢別 申込者数

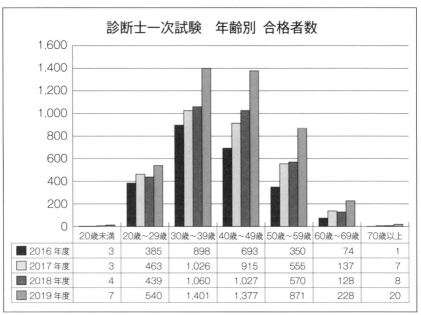

診断士一次試験　年齢別　合格者数

| | 20歳未満 | 20歳～29歳 | 30歳～39歳 | 40歳～49歳 | 50歳～59歳 | 60歳～69歳 | 70歳以上 |
|---|---|---|---|---|---|---|---|
| 2016年度 | 3 | 385 | 898 | 693 | 350 | 74 | 1 |
| 2017年度 | 3 | 463 | 1,026 | 915 | 555 | 137 | 7 |
| 2018年度 | 4 | 439 | 1,060 | 1,027 | 570 | 128 | 8 |
| 2019年度 | 7 | 540 | 1,401 | 1,377 | 871 | 228 | 20 |

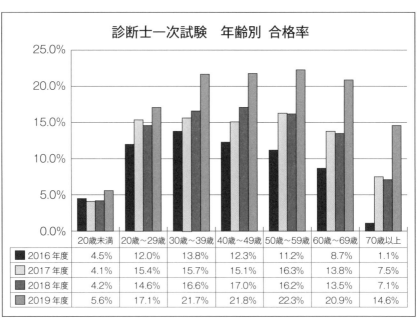

診断士一次試験　年齢別　合格率

| | 20歳未満 | 20歳～29歳 | 30歳～39歳 | 40歳～49歳 | 50歳～59歳 | 60歳～69歳 | 70歳以上 |
|---|---|---|---|---|---|---|---|
| 2016年度 | 4.5% | 12.0% | 13.8% | 12.3% | 11.2% | 8.7% | 1.1% |
| 2017年度 | 4.1% | 15.4% | 15.7% | 15.1% | 16.3% | 13.8% | 7.5% |
| 2018年度 | 4.2% | 14.6% | 16.6% | 17.0% | 16.2% | 13.5% | 7.1% |
| 2019年度 | 5.6% | 17.1% | 21.7% | 21.8% | 22.3% | 20.9% | 14.6% |

●3大都市圏（東京，大阪，名古屋）＋広島の合格率が 20%超え。名古屋，
広島の合格率がここ4年で 10%前後増加し，北海道も伸びています。

　診断士試験は，大企業からの参加者が多いので，基本的に大都市圏中心の試
験ですが，中でも名古屋地区（4年間で9.5%増），さらに広島地区（4年間で
10.8%増）の合格率がここ伸びてきています。

　また，合格率では18.2%となっていますが，4年間の伸び率では9.2%増の
北海道も健闘しています。

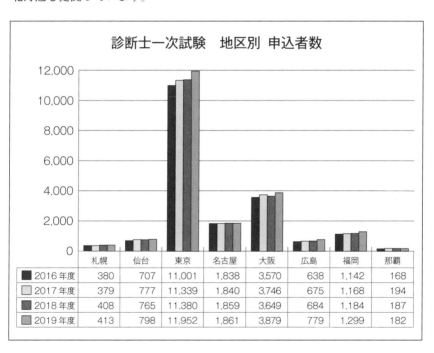

診断士一次試験　地区別　申込者数

| | 札幌 | 仙台 | 東京 | 名古屋 | 大阪 | 広島 | 福岡 | 那覇 |
|---|---|---|---|---|---|---|---|---|
| 2016 年度 | 380 | 707 | 11,001 | 1,838 | 3,570 | 638 | 1,142 | 168 |
| 2017 年度 | 379 | 777 | 11,339 | 1,840 | 3,746 | 675 | 1,168 | 194 |
| 2018 年度 | 408 | 765 | 11,380 | 1,859 | 3,649 | 684 | 1,184 | 187 |
| 2019 年度 | 413 | 798 | 11,952 | 1,861 | 3,879 | 779 | 1,299 | 182 |

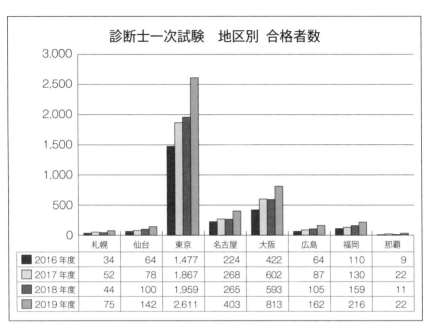

診断士一次試験　地区別　合格者数

| | 札幌 | 仙台 | 東京 | 名古屋 | 大阪 | 広島 | 福岡 | 那覇 |
|---|---|---|---|---|---|---|---|---|
| ■ 2016年度 | 34 | 64 | 1,477 | 224 | 422 | 64 | 110 | 9 |
| □ 2017年度 | 52 | 78 | 1,867 | 268 | 602 | 87 | 130 | 22 |
| ■ 2018年度 | 44 | 100 | 1,959 | 265 | 593 | 105 | 159 | 11 |
| ■ 2019年度 | 75 | 142 | 2,611 | 403 | 813 | 162 | 216 | 22 |

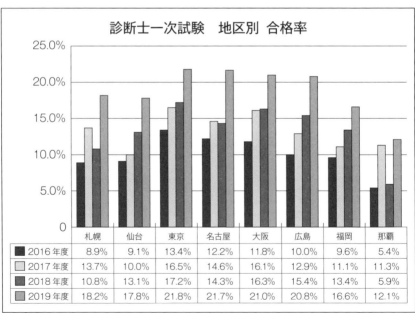

診断士一次試験　地区別　合格率

| | 札幌 | 仙台 | 東京 | 名古屋 | 大阪 | 広島 | 福岡 | 那覇 |
|---|---|---|---|---|---|---|---|---|
| ■ 2016年度 | 8.9% | 9.1% | 13.4% | 12.2% | 11.8% | 10.0% | 9.6% | 5.4% |
| □ 2017年度 | 13.7% | 10.0% | 16.5% | 14.6% | 16.1% | 12.9% | 11.1% | 11.3% |
| ■ 2018年度 | 10.8% | 13.1% | 17.2% | 14.3% | 16.3% | 15.4% | 13.4% | 5.9% |
| ■ 2019年度 | 18.2% | 17.8% | 21.8% | 21.7% | 21.0% | 20.8% | 16.6% | 12.1% |

●勤務先別では，民間企業勤務の受験者・合格者が中心

　最近では，受験者のコアとなっている民間企業勤務以外に，政府系金融機関，政府系以外の金融機関，税理士・公認会計士，独立行政法人・公益法人勤務，公務員の合格率が伸びているようです。金融機関や公務員が伸びているのは，経営を鳥瞰してみる視点が身についていることが理由ではないかと考えられます。

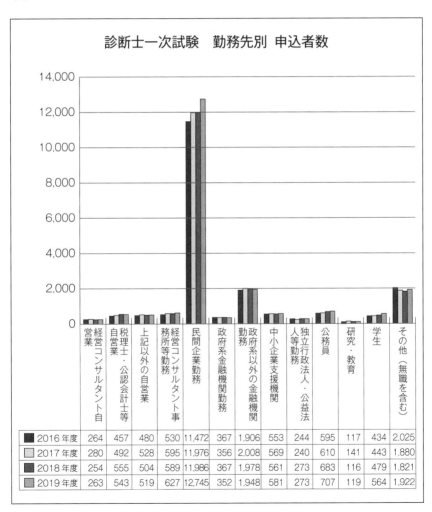

診断士一次試験　勤務先別　申込者数

| | 経営コンサルタント自営業 | 税理士・公認会計士等自営業 | 上記以外の自営業 | 経営コンサルタント事務所等勤務 | 民間企業勤務 | 政府系金融機関勤務 | 政府系以外の金融機関勤務 | 中小企業支援機関 | 独立行政法人・公益法人等勤務 | 公務員 | 研究・教育 | 学生 | その他（無職を含む） |
|---|---|---|---|---|---|---|---|---|---|---|---|---|---|
| ■2016年度 | 264 | 457 | 480 | 530 | 11,472 | 367 | 1,906 | 553 | 244 | 595 | 117 | 434 | 2,025 |
| 2017年度 | 280 | 492 | 528 | 595 | 11,976 | 356 | 2,008 | 569 | 240 | 610 | 141 | 443 | 1,880 |
| ■2018年度 | 254 | 555 | 504 | 589 | 11,986 | 367 | 1,978 | 561 | 273 | 683 | 116 | 479 | 1,821 |
| 2019年度 | 263 | 543 | 519 | 627 | 12,745 | 352 | 1,948 | 581 | 273 | 707 | 119 | 564 | 1,922 |

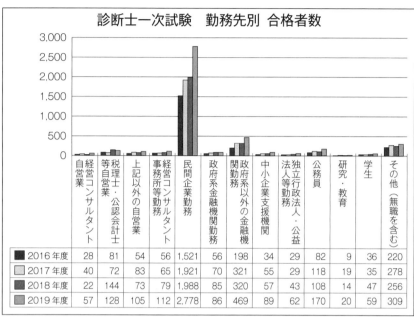

診断士一次試験　勤務先別　合格者数

| | 経営コンサルタント自営業 | 税理士・公認会計士等自営業 | 上記以外の自営業 | 経営コンサルタント事務所等勤務 | 民間企業勤務 | 政府系金融機関勤務 | 政府系以外の金融機関勤務 | 中小企業支援機関 | 法人等勤務独立行政法人・公益 | 公務員 | 研究・教育 | 学生 | その他（無職を含む） |
|---|---|---|---|---|---|---|---|---|---|---|---|---|---|
| 2016 年度 | 28 | 81 | 54 | 56 | 1,521 | 56 | 198 | 34 | 29 | 82 | 9 | 36 | 220 |
| 2017 年度 | 40 | 72 | 83 | 65 | 1,921 | 70 | 321 | 55 | 29 | 118 | 19 | 35 | 278 |
| 2018 年度 | 22 | 144 | 73 | 79 | 1,988 | 85 | 320 | 57 | 43 | 108 | 14 | 47 | 256 |
| 2019 年度 | 57 | 128 | 105 | 112 | 2,778 | 86 | 469 | 89 | 62 | 170 | 20 | 59 | 309 |

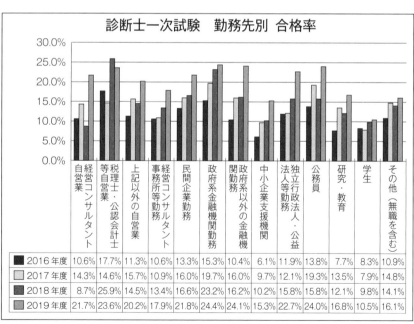

診断士一次試験　勤務先別　合格率

| | 経営コンサルタント自営業 | 税理士・公認会計士等自営業 | 上記以外の自営業 | 経営コンサルタント事務所等勤務 | 民間企業勤務 | 政府系金融機関勤務 | 政府系以外の金融機関 | 中小企業支援機関 | 法人等勤務独立行政法人・公益 | 公務員 | 研究・教育 | 学生 | その他（無職を含む） |
|---|---|---|---|---|---|---|---|---|---|---|---|---|---|
| 2016 年度 | 10.6% | 17.7% | 11.3% | 10.6% | 13.3% | 15.3% | 10.4% | 6.1% | 11.9% | 13.8% | 7.7% | 8.3% | 10.9% |
| 2017 年度 | 14.3% | 14.6% | 15.7% | 10.9% | 16.0% | 19.7% | 16.0% | 9.7% | 12.1% | 19.3% | 13.5% | 7.9% | 14.8% |
| 2018 年度 | 8.7% | 25.9% | 14.5% | 13.4% | 16.6% | 23.2% | 16.2% | 10.2% | 15.8% | 15.8% | 12.1% | 9.8% | 14.1% |
| 2019 年度 | 21.7% | 23.6% | 20.2% | 17.9% | 21.8% | 24.4% | 24.1% | 15.3% | 22.7% | 24.0% | 16.8% | 10.5% | 16.1% |

　このようにデータを見てくると，基本的には大都市圏勤務の男性中心で，30代～50代の受験者・合格者が中心となっている試験であることがわかります。これは，金融機関やメーカーなどの大企業が役員登用試験前の選抜者に診断士一次試験の学習を推奨していることがひとつの要因と考えられます。

　ただ，近年の傾向としては，全体の合格率の上昇に加え，女性の合格率も増加し，大都市圏以外の地区でも合格率が高まる傾向がありますので，きちんと試験勉強を積み重ねて受験すれば，合格しやすくなってきている印象があります。

### ●受験生の平均年収は 1,000 万円超

　大企業の幹部候補生が受験生に多いこともあり，診断士受験生の平均年収は，1,000万円超となっています。合格後に独立コンサルタントとして活躍したり，企業経営者として成功している診断士仲間も多々おりますが，合格前の受験生の段階から企業の中心人物としてそれなりの年収を得ている方も多いため，独立しない企業内診断士も多いようです。

---

### コラム　中小企業診断士を評価する企業は多い

　「診断士は独占業務がないから独立しにくい」これは，私が20代のころからずっと言われてきた診断士資格に対する偏見です。よく資格の本でも，独立できるかどうかで資格の価値を評価している本がありますが，まあ端的にいって本を作っている人たちが現実を知らないのです。「独占業務」がある資格は，この20年でほとんど崩壊しています。会計士や弁護士なども取得しても仕事がない資格のトップになっています。そして会計士や弁護士を雇う一般事業会社はほんの一握りです。しかし診断士はもともと企業の中で競争に勝ち抜いているようなメンバーが多いため，実務経験豊かな資格取得者を高報酬で欲しがる大企業が多々あります。そのような意味では，診断士は取得して社会的な評価を高める最短距離だと思います。

---

第5章

いずれにしても，診断士の人脈ネットワークの中に入ると，それぞれの分野で素晴らしい活躍をしている方々が多いのにびっくりするでしょう。

年代や，専門を越えて，そのようなハイレベルの人脈ネットワークにつながることができるのも，診断士資格の大きな魅力だと言えるでしょう。

## 4 中小企業診断士第一次試験
### 各科目の設置目的と内容

### 1 経済学・経済政策

#### A）科目設置の目的

企業経営において，基本的なマクロ経済指標の動きを理解し，為替相場，国際収支，雇用・物価動向等を的確に把握することは，経営上の意思決定を行う際の基本である。また，経営戦略やマーケティング活動の成果を高め，他方で積極的な財務戦略を展開していくためには，ミクロ経済学の知識を身につけることも必要である。このため，経済学の主要理論及びそれに基づく経済政策について，以下の内容を中心に知識を判定する。

#### B）内　容

① 国民経済計算の基本的概念

国民所得概念と国民経済計算，貯蓄と投資，総需要と総供給

② 主要経済指標の読み方

国民所得統計，雇用統計，鉱工業生産指数，消費者物価指数，国内企業物価指数，工業統計，商業統計，産業連関表，景気動向指数

③ 財政政策と金融政策

IS−LM 曲線，雇用と物価水準，マネーサプライ，資本市場・金融市場，政府支出と財政政策，貨幣理論と金融政策，景気変動と景気循環

④ 国際収支と為替相場

比較生産費と貿易理論，国際収支と為替変動，国際資本移動と国際資金フ

ロー

⑤ 主要経済理論

ケインズ理論，サプライサイド・エコノミクス，マネタリズム，古典派と新古典派理論，新保守主義とシカゴ学派，新制度主義経済学

⑥ 市場メカニズム

需要・供給・弾力性の概念，市場均衡・不均衡，競争的市場の資源配分機能，「市場の失敗」と外部性，公共財と政府規制

⑦ 市場と組織の経済学

取引費用概念，プリンシパル・エージェント概念，情報の不完全性，ゲームの理論

⑧ 消費者行動と需要曲線

効用理論，予算制約と消費者の選択行動，代替効果と所得効果

⑨ 企業行動と供給曲線

利潤最大化仮説，生産関数と限界生産性，費用曲線とサンクコスト，収穫逓増・逓減，規模の経済性・範囲の経済性

⑩ 産業組織と競争促進

市場構造と競争モデル，独占の弊害と寡占下の協調行動，製品差別化と独占的競争，参入障壁と市場成果，研究開発と技術革新，事業活動の国際化と通商政策，中小企業と産業政策，規制緩和と民営化

⑪ その他経済学・経済政策に関する事項

## 2 財務・会計

### A) 科目設置の目的

財務・会計に関する知識は企業経営の基本であり，また企業の現状把握や問題点の抽出において，財務諸表等による経営分析は重要な手法となる。また，今後，中小企業が資本市場から資金を調達したり，成長戦略の一環として他社の買収等を行うケースが増大することが考えられることから，割引キャッシュ

フローの手法を活用した投資評価や，企業価値の算定等に関する知識を身に付ける必要もある。このため，企業の財務・会計について，以下の内容を中心に知識を判定する。

## B）内 容

① 簿記の基礎

簿記原理，会計帳簿，決算処理一巡（試算表・精算表の作成，決算仕訳，貸借対照表・損益計算書の作成）

② 企業会計の基礎

損益計算書（収益の会計，費用の会計），貸借対照表（資産の会計，負債の会計，資本の会計），キャッシュフロー計算書，企業結合（合併・分割，連結決算），会計ディスクロージャー，税効果会計

③ 原価計算

原価概念，原価計算の種類と方法

④ 経営分析

経営比率分析（収益性，流動性，生産性，成長性），損益分岐点分析，利益増減分析

⑤ 利益と資金の管理

利益計画（限界利益と貢献利益，プロダクト・ミックス），予算・実績差異分析，資金繰りと資金計画

⑥ キャッシュフロー（CF）

CF の種類と算出（CF の概念，営業 CF，投資 CF，財務 CF），CF マネジメント（フリー CF，運転資金の管理，CF 関連比率）

⑦ 資金調達と配当政策

資金調達の形態（内部金融と外部金融，直接金融と間接金融，自己資本と他人資本，企業間信用，リース），資本コスト（借入金のコスト，社債のコスト，普通株式のコスト，剰余金のコスト，加重平均資本コスト），配当政策（配当の種類，配当性向，配当政策の効果），最適資本構成（財務レバレッジ，モジリアーニ・ミラー（MM）理論）

⑧　投資決定

　　貨幣の時間価値と割引キャッシュフロー（DCF），投資評価基準（回収期間法，会計的投資利益率法，内部収益率（IRR）法，正味現在価値（NPV）法，収益性指数法），不確実性下の投資決定

⑨　証券投資論

　　ポートフォリオ理論（ポートフォリオのリスクとリターン，効率的ポートフォリオ，最適ポートフォリオの選択），資本市場理論（資本資産評価モデル（CAPM）の理論，指数モデル，CAPM と財務決定）

⑩　企業価値

　　株価の算定（配当割引モデル，株価収益率，株価純資産倍率，株価キャッシュフロー倍率），企業価値評価モデル（割引超過利益モデル，割引キャッシュフローモデル），企業合併・買収における企業評価（収益還元方式，純資産方式，市場株価比較方式）

⑪　デリバティブとリスク管理

　　リスクの種類，オプション取引（コールオプション，プットオプション），先物取引（先物為替予約，通貨先物取引），スワップ（金利スワップ，通貨スワップ）

⑫　その他財務・会計に関する事項

## 3 企業経営理論

### A）科目設置の目的

　企業経営において，資金面以外の経営に関する基本的な理論を習得することは，経営に関する現状分析及び問題解決，新たな事業への展開等に関する助言を行うにあたり，必要不可欠な知識である。また，近年，技術と経営の双方を理解し，高い技術力を経済的価値に転換する技術経営（MOT）の重要性が高まっており，こうした知識についても充分理解が必要である。このため，経営戦略論，組織論，マーケティング論といった企業経営に関する知識について，

以下の内容を中心に判定する。

**B）内　容**

**1．経営戦略論**

① 経営計画と経営管理

　マネジメント・サイクル，期間別経営計画，意思決定の階層構造，経営管理の原則，意思決定プロセス

② 企業戦略

　外部環境分析・内部環境分析，事業領域（ドメイン）の決定，階層別戦略（事業戦略，機能戦略），戦略立案プロセス，組織と戦略（事業部制，カンパニー制，持株会社等），組織文化と戦略

③ 成長戦略

　成長のマネジメント，多角化（シナジー，多角化戦略の分類），M＆A，戦略的提携

④ 経営資源戦略

　経営資源，PPM（SBU，製品ライフサイクル，経験曲線，市場占有率等）

⑤ 競争戦略

　業界の競争構造分析，競争回避の戦略，競争優位の戦略（コストリーダーシップ，差別化，集中），競争地位別戦略（チャレンジャー，リーダー，フォロワー，ニッチャー），デファクト・スタンダード，コア・コンピタンス

⑥ 技術経営（MOT）

　技術戦略（技術戦略の策定（技術の特徴把握・評価，自社資源の評価，外部資源の活用（共同開発，技術導入等），特許戦略），研究開発管理（研究開発組織（組織形態，管理者の役割，技術者の人事管理と能力開発），研究開発計画と開発プロセス，予算管理と特許管理），イノベーションのマネジメント，知識経営（ナレッジ・マネジメント）

⑦ 国際経営（グローバル戦略）

⑧ 企業の社会的責任（CSR）

⑨ その他経営戦略論に関する事項

## ２．組織論

① 経営組織の形態と構造

組織形態（職能制組織，機能別組織，事業部制組織，マトリックス組織），組織の構成原理（コミュニケーション，命令の一元性，分業・専門化と調整，権限と責任）

② 経営組織の運営

意思決定システム，モチベーション（マズローの欲求段階説，ハーズバーグの２要因理論，ヴルームの期待理論），モチベーション管理，モラール管理，リーダーシップ（特性理論，行動理論，二次元論，状況理論），経営者・管理者行動，組織と文化（経営理念，組織風土と組織文化），組織活性化（一体化度，無関心度，組織開発，小集団活動，ナレッジ・マネジメント／組織学習），組織間関係（組織間関係の類型，分析モデル（資源依存，組織正当性，エージェンシー，組織エコロジー），ネットワーク組織，クラスター），企業統治（コーポレート・ガバナンス），組織のパワーとポリティクス，組織変革（チェンジ・マネジメント）

③ 人的資源管理

労働関連法規（労働基準法，労働組合法，労働安全衛生法，労働保険，社会保険，労働者派遣法），人事・労務情報（職務分析の意義と方法，人事考課の意義と方法），雇用管理（採用，配置，人事異動・昇進，資格制度），能力開発（教育訓練・能力開発の種類（階層・目的），能力開発の方法（OJT，Off-JT，自己啓発），組織開発の意義と方法），賃金管理（賃金体系，基本給類型の体系，職務評価方法），作業条件管理（労働時間管理，労働安全管理，労働衛生管理），経営戦略と人的資源管理の適合性

④ その他組織論に関する事項

## ３．マーケティング論

① マーケティングの基礎概念

マーケティングの定義，マーケティング・コンセプト，マーケティングの

機能，ソーシャルマーケティング

② マーケティング計画と市場調査

　　マーケティング目標設定（目標売上高，目標利益，市場占有率），標的市場の設定と接近（市場の分類，総合的市場接近法，市場細分化接近法），マーケティング・ミックス（製品ライフサイクル，マーケティング目標と戦略，マーケティング・ミックスの展開），市場調査の意義と方法（市場調査の目的，対象領域，種類，プロセス）

③ 消費者行動

　　消費者行動の決定要素とプロセス（基本的決定要素と環境的決定要素，消費者行動のモデル），心理的決定要素（ニーズ，動機付け，態度，学習，パーソナリティ），社会的決定要素（家族，準拠集団，社会階層，文化），意思決定（評価基準，ブランド選定の規則）

④ 製品計画

　　製品の意義（製品の定義，製品の種類：消費者用品（最寄り品，買回り品，専門品）・産業用品（原材料，主要設備品，補助設備品，構成部品，加工材料，業務用消耗品，業務サービス），プロダクト・ミックス（定義，プロダクト・ラインの幅と深さ），ブランド計画（ブランドの利点，種類，ブランド・ネーム，マルチブランド，ブランド・ポジション），パッケージング計画（意義，目的，開発）

⑤ 製品開発

　　市場性評価（市場動向分析，競合分析），マーチャンダイジング（製品企画・仕様・デザイン，製品技術・製造コスト，テストマーケティング，製造計画，商業化（市場化）計画）

⑥ 価格計画

　　価格計画の目的と設定要因（価格目的，価格決定の検討要因，価格決定プロセス），価格政策（開拓的価格政策，心理的価格政策，販売促進的価格政策），価格決定（費用志向的価格決定，競争志向的価格決定，小売価格の決定，製造業における価格調整）

⑦　流通チャネルと物流

　　流通チャネルの機能と種類（チャネルの目的，機能，チャネル統合，チャネルの種類），流通チャネル政策（開放的流通チャネル，選択的流通チャネル，専属的流通チャネル，流通チャネルの評価と管理），物流（受注処理，物資の取扱い，保管，在庫管理，輸送，サプライチェーン・マネジメント）

⑧　プロモーション

　　プロモーション政策（プロモーション・ミックス，プッシュ政策，プル政策，プロモーション戦略と製品ライフサイクル），人的販売（役割，販売員の種類，進め方，販売員管理），広告（広告の定義，種類，広告計画，媒体計画，広告表現），販売促進（目的，種類，消費者向け：サンプリング・プレミアム・クーポン・教育・コンテスト・スタンプ，流通業者向け：ディーラーコンテスト・ヘルプス・販売助成・報奨金・プレミアム・特別出荷，社内向け：実施プログラム，関係法規：景品表示法等），PR（内容，必要性，使用媒体，方法，パブリシティ）

⑨　応用マーケティング

　　関係性マーケティング，顧客関係性管理（CRM），サービス・マーケティング，ダイレクト・マーケティング

⑩　その他マーケティング論に関する事項

## 4 運営管理（オペレーション・マネジメント）

### A）科目設置の目的

　中小企業の経営において，工場や店舗における生産や販売に係る運営管理は大きな位置を占めており，また，近年の情報通信技術の進展により情報システムを活用した効率的な事業運営に係るコンサルティングニーズも高まっている。このため，生産に関わるオペレーションの管理や小売業・卸売業・サービス業のオペレーションの管理に関する全般的な知識について，以下の内容を中心に判定する。

## B）内　容

### 1．生産管理

① 生産管理概論

　　生産管理の基礎（生産管理の基本機能，管理目標（PQCDSME：生産性，品質，コスト・経済性，納期・生産量，安全性，モラール，環境)，生産形態と情報システム（生産形態（見込生産，受注生産，多種少量生産，少種多量生産，個別生産，ロット生産，連続生産等），情報システム（生産システムへの IT の利用，ERP，SCM，FA 等））

② 生産のプラニング

　　工場立地とレイアウト（工場立地の留意点（国内生産，海外生産，生産拠点等），工場レイアウト（システマティックレイアウトプランニング，プラントレイアウト，設備配置等)），製品開発・製品設計（製品開発（製品のライフサイクル，顧客満足，製品系列等），製品設計（機能設計，生産設計，組立容易性，VA／VE 等），設計技術（コンカレントエンジニアリング，CAD，CAM 等)），生産技術（材料（金属材料，非金属材料，複合材料等)，加工技術（切削・研削，塑性加工，熱処理，化学処理等），自動機械（溶接，塗装，加工，組立，搬送，仕分け，保管，汎用機等），新技術（バイオテクノロジー，ナノテクノロジー等)），生産方式（ライン生産（ラインバランシング，編成効率，ラインの形態等），セル生産（自動加工，グループテクノロジー，１人生産等），管理方式（JIT，オーダエントリー，生産座席予約，製番管理等)），生産計画（需要予測（指数平滑，移動平均等），需給計画（MRP 等），日程計画（大日程計画，中日程計画，小日程計画，基準日程，スケジューリング，PERT 等），能力と負荷（人員計画，負荷計画，標準時間，稼働率，余裕率等)），資材調達・外注管理（購買管理（ABC 分析，発注方式，EOQ 等），外注管理（選定基準，外注指導，外注の評価等)）

③ 生産のオペレーション

　　品質管理（QC 手法（QC 七つ道具，新 QC 七つ道具等），TQM，ISO9000)，物の流れ（資材・在庫・運搬）の管理（現品管理，在庫管理，マテリアル

ハンドリング，分析手法（製品工程分析，運搬分析手法，活性示数，流動数分析等）），人の動きの管理（作業管理（標準作業，標準時間，モラール，多能工化，職務訓練，職務設計等），作業研究（方法研究，作業測定，時間研究等），分析手法（作業者工程分析，連合作業分析，動作分析，稼働分析等）），設備管理（設備管理の基礎（５Ｓ，工具管理，設備のライフサイクル等），保全（保全方法，故障，工事，保全活動等），評価と更新（設備効率，設備更新，減価償却，耐用年数等），経済性工学（独立案，排反案，現価，年価，終価，投資案の評価等），ＴＰＭ），生産の合理化・改善（原理原則（３Ｓ，ＥＣＲＳの原則（改善の原則），５Ｗ１Ｈ，動作経済の原則等），自主管理活動），廃棄物等の管理（環境保全に関する法規，廃棄物の処理・管理（基礎的技術，環境対策，ゼロエミッション等），資源の有効活用（リフューズ，リデュース，リサイクル，リユース等），ＩＳＯ14000）

④　その他生産管理に関する事項


## ２．店舗・販売管理

①　店舗・商業集積

　　店舗施設に関する法律知識（都市計画法，大規模小売店舗立地法，中心市街地活性化法，建築基準法，消防法），店舗立地と出店（立地条件，商圏分析，出店評価），商業集積（ショッピングセンター，商店街，共同店舗），店舗施設（店舗構造，店舗設備・什器，照明と色彩）

②　商品仕入・販売（マーチャンダイジング）

　　商品予算計画（販売予算，仕入予算，在庫予算），商品計画（業種業態，商品構成，品揃え），商品調達・取引条件（仕入方法，仕入先の選定管理，取引条件），売場構成・陳列（売場レイアウト，商品陳列），価格設定（価格政策，価格決定手法，特売・値下げ），販売促進（販売促進計画，店内プロモーション，店外プロモーション）

③　商品補充・物流

　　商品在庫管理（発注方法，在庫数量管理，需要予測），輸配送管理（輸送

手段・ネットワーク，ユニットロード，共同輸配送），物流センター管理（物流センター機能・設計，物流センター運営）

④　流通情報システム

　店舗システム（POS システム，顧客管理システム），取引情報システム（商品コード，商品マスター），物流情報システム（バーコード，RFID，トレーサビリティ）

⑤　その他店舗・販売管理に関する事項

---

### 5　経営法務

#### A）　科目設置の目的

　創業者，中小企業経営者に助言を行う際に，企業経営に関係する法律，諸制度，手続等に関する実務的な知識を身につける必要がある。また，さらに専門的な内容に関しては，経営支援において必要に応じて弁護士等の有資格者を活用することが想定されることから，有資格者に橋渡しするための最低限の実務知識を有していることが求められる。このため，企業の経営に関する法務について，以下の内容を中心に基本的な知識を判定する。

#### B）　内　容

①　事業開始，会社設立及び倒産等に関する知識

　事業の開始（個人の事業開始（個人事業の特徴，開業までの準備），法人の事業開始（法人の種類，会社の設立と登記，組合の設立と登記）），届出・手続等（許認可・届出が必要な事業，労働保険・社会保険の届出，税務上の届出（個人事業の開廃業等届出書，給与支払事業所等の開設届出書，所得税の青色申告の承認申請書，棚卸資産の評価方法・減価償却資産の償却方法等）），合併等の手続（合併・営業譲渡等の手続，組織変更手続（個人→法人，組合→会社）），倒産等の手続（倒産等に関する法律に基づく手続（会社更生法，民事再生法，会社法（会社の解散，清算，特別清算）））

② 知的財産権に関する知識

　産業財産権（工業所有権）の内容と取得方法（特許権，実用新案権，意匠権，商標権），著作権の内容（著作権等の種類と内容（著作者人格権，著作権，著作隣接権），著作権の成立と保護（成立，保護期間，著作権侵害に対する措置）），知的財産権に関する契約等（産業財産権（工業所有権）に関する契約（移転契約，ライセンス契約），著作権等に関する契約（音楽・キャラクター等のライセンス契約，ソフトウェアのライセンス契約等），トレードシークレットに関する知識）

③ 取引関係に関する法務知識

　契約に関する基礎知識（契約の成立要件（当事者，目的，意思表示），契約の有効要件，外国企業との取引に関する法律知識，英文契約に関する知識），契約の類型と内容（守秘義務契約，共同研究契約，売買契約（動産売買，貿易契約（CIF，FOB 等），不動産売買，有価証券売買），事業提携契約，フランチャイズ契約，事業買収契約，合弁契約）

④ 企業活動に関する法律知識

　民法（物権，債権，相続），会社法（株式，会社の機関，会社の計算），金融商品取引法，独占禁止法，不正競争防止法，製造物責任法，消費者保護法，トレードシークレット

⑤ 資本市場へのアクセスと手続

　資本市場に関する基礎的知識（市場の種類，必要な届出書・通知書等の書式と根拠法），有価証券報告書とディスクローズ（有価証券報告書の内容と作成，インベスターズ・リレーション），社債発行の手続，株式公開手続

⑥ その他経営法務に関する事項

## 6 経営情報システム

### A) 科目設置の目的

　情報通信技術の発展，普及により，経営のあらゆる場面において情報システ

ムの活用が重要となっており，情報通信技術に関する知識を身に付ける必要がある。また，情報システムを経営戦略・企業革新と結びつけ，経営資源として効果的に活用できるよう適切な助言を行うとともに，必要に応じて，情報システムに関する専門家に橋渡しを行うことが想定される。このため，経営情報システム全般について，以下の内容を中心に基礎的な知識を判定する。

## B）内　容

### 1．情報通信技術に関する基礎的知識

① 情報処理の基礎技術

　ハードウェア（コンピュータの機能，コンピュータによる処理，コンピュータの利用），ソフトウェア（ソフトウェアとその種類，オペレーティングシステム，プログラム言語と言語プロセッサ，パッケージソフト・ミドルウェア），プログラム設計（アルゴリズム，データ構造，プログラミング技法）

② 情報処理の形態と関連技術

　バッチ処理，オンライン処理，リアルタイム制御処理，分散処理，クライアント・サーバシステム，対話型処理システム，マルチメディアシステム，Web コンピューティング

③ データベースとファイル

　データベースの構造・種類，データベースの管理システム，ファイルの概念，ファイルの編成

④ 通信ネットワーク

　通信ネットワークの役割，通信ネットワークの基礎技術，ネットワーク・アーキテクチャ，LAN・VAN，インターネット・イントラネット・エクストラネット

⑤ システム性能

　システムの性能評価，システムの信頼性・経済性

⑥ その他情報通信技術に関する基礎的知識に関する事項

## ２．経営情報管理

① 経営戦略と情報システム

　　経営戦略と情報化（経営戦略の明確化，経営戦略の策定，e-ビジネス，情報化社会），情報システムの種類と内容（データ支援システム，意思決定支援システム，経営者支援情報システム，戦略情報システム，情報ネットワークシステム，企業革新と情報システム）

② 情報システムの開発

　　システム化の計画とプロセス（システム構想策定，システム分析・設計技法，システム実行計画の作成，システム設計開発体制の整備），現行システムの分析（業務分析・設計，利用者の要求への対応），全般システム分析・設計（目標定義，概念モデル，組織上の制約，データ処理組織の定義，システム設計プロポーザルの作成），システムテスト・導入支援（システムテスト技法，システム導入支援）

③ 情報システムの運用管理

　　システム運用（利用者の参加・教育，情報専門家の育成・配置，システム運用管理体制，中長期的なシステム改善計画策定，プロジェクト管理），セキュリティとリスク管理（機密保護・改ざん防止，不正侵入対策・可用性対策，インテグリティ対策，リスク管理）

④ 情報システムの評価

　　品質評価，価値評価

⑤ 外部情報システム資源の活用

　　アウト／インソーシング

⑥ 情報システムと意思決定

　　問題分析・意思決定技法，計量分析技法

⑦ その他経営情報管理に関する事項

## 7　中小企業経営・中小企業政策

### A）科目設置の目的

　中小企業診断士は，中小企業に対するコンサルタントとしての役割を期待されており，中小企業経営の特徴を踏まえて，経営分析や経営戦略の策定等の診断・助言を行う必要がある。そこで，企業経営の実態や各種統計等により，経済・産業における中小企業の役割や位置づけを理解するとともに，中小企業の経営特質や経営における大企業との相違を把握する必要がある。

　また，創業や中小企業経営の診断・助言を行う際には，国や地方自治体等が講じている各種の政策を，成長ステージや経営課題に合わせて適切に活用することが有効である。このため，中小企業の経営や中小企業政策全般について，以下の内容を中心に知識を判定する。

### B）内　容

#### 1．中小企業経営

①　経済・産業における中小企業の役割，位置づけ

　　各種統計等にみる中小企業，産業構造と中小企業，大企業と中小企業，中小企業性業種，地域産業等

②　中小企業の経営特性と経営課題

　　各種統計にみる中小企業経営の特徴，中小企業経営の特質と課題（経営基盤，経営の多様性，中小企業の経営戦略，先進性と旧態性，経営資源，ビジネスシステム，産業集積，商店街，中小企業の成長等），業種・業態別経営特質と課題（製造業，卸売業，小売業，サービス業，物流業，ベンチャー企業，下請企業，小規模企業等），中小企業の経営環境と経営革新（経済事情，経営環境の変化，国際化，金融，労働，環境・エネルギー，取引，経営革新への取り組み等），中小企業経営に係る最近の動向（情報技術の活用，ネットワーク，産学官連携，海外展開，創業，企業再生，知的財産権等）

## 2．中小企業政策

① 中小企業に関する法規と政策

中小企業関連法規，中小企業政策の体系と内容，中小企業支援事業の実施体制と政策，中小企業新事業活動促進法の体系と政策，中小企業経営と施策活用

② 中小企業政策の役割と変遷

## 3．その他中小企業経営・中小企業政策に関する事項

# 5 中小企業診断士試験学習のコツ

### 1 試験の全体像から一次試験を考える

私がもと診断士の講師だったことを知った方から，「どうやったら診断士試験に早く合格できるのですか？」と聞かれることがあります。

私は診断士試験の一次と二次試験の両方の講師をやったことがありますが，そこで言えることは，診断士試験は三次試験の意味を知ることで全体像がつかみやすくなるということです。

三次試験（実習）とはどういう試験かと言えば，実際の企業に行き，実習指導教官のもとでコンサルティングの実地実習を行い，診断報告書のかたちでまとめるというものです。

これは一気にやる場合には，15 日間のプログラムになっていますが，かなりのスピードで，しかも初めて会った他の合格者とともに経営者が納得するレベルの報告書をつくり，診断勧告もするという大変きついものです。

私のときには 5 名のチームをつくって商店街と個別の店舗の 2 つの診断対象について，それぞれ通行量調査や競合店，競合商店街調査，財務分析調査，店内動線計画，商品別の売上，利益貢献度分析なども含めて約 150 ページの診断報告書を 1 冊ずつ，合計 2 冊つくりました。

そして最後に経営者の方や商店街の会長さんに集まってもらい報告会をした
ときには大変緊張したものです。

その三次実習の現場で，私ははっと気がついたのが，「ああ，この実習の準
備のための二次試験（ケーススタディ）や一次試験（知識テスト）だったのだ
な」ということです。

つまり，ものすごいスピードでチームで診断作業をしてまとめていくために
は，それぞれのメンバーの頭の中に共通の体系的な思考軸がなくてはとても現
場では歯が立ちませんし，ましてやそこで考えた経営改善策を経営者に納得し
ていただくようにプレゼンすることはできません。

だから二次試験でペーパー上のケーススタディを使って「体系的な思考軸」
のトレーニングをし，論理的かつ経営専門用語を交えた文章を書く練習をする
のです。

そして，このような体系的な思考軸でものごとを相談するときに，言葉の定
義があいまいでは，チームメンバー同士の会話が成立しなくなりますので，経
営の専門用語（キーワード）とその正確な内容理解について，徹底的に一次試
験でトレーニングさせられるのです。

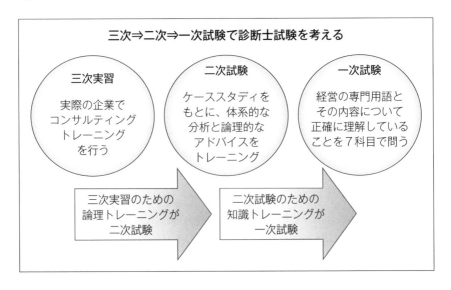

このようなことに気づいたあと，診断士の過去の問題を振り返って精査してみると，やはり三次試験で経営者の前に立てるレベルの体系的な知識と論理性を二次試験で，そのために必要な正確な経営専門用語の理解を一次試験で問うようになっていることが確認できました。

ですので，これから診断士を目指すみなさんは，まず二次試験の内容を書店などで確認してから一次試験の学習をはじめることをお勧めします。

二次試験の内容を見れば，この試験で問われているものがいったいどういうものであるかについてイメージがつかめると思いますし，「経営」という大変領域が広い知識を体系的に学ぶために7科目に科目が分解されていることにも気づくでしょう。

### 2 学んだことを仕事に生かす

診断士試験に早く合格するために，もう一つお勧めしたいことは，毎日学習して学んだことを，ビジネスの現場で実際に使ってみることです。

経営学というのは実学ですので，実際にビジネスの現場で役立てることが大変重要ですし，本のとおりにならないことも多々あるのです。

ビジネスの現場が本のとおりにならない理由は，そもそも本にする段階で，実際の現場で得られた成功則を他社でも活用できるように一般化しているからです。ですから，「なんだ，うまくいかないじゃないか」というように捉えるのではなく，「他社の成功から導かれたものをわが社で活かすにはどういう応用が必要だろうか」と考えるべきです。

そもそも経営学というのは，その時代の100点満点の企業の状態を学んでいるようなものです。

例えばコンテンツビジネスであればマイクロソフトであるとか，マーケティングであればウォルマートであるとか，財務であればゼネラルエレクトリックであるとか，ブランドであればモエ・ヘネシー・ルイヴィトンのような，世界的に成功した会社の戦略を学ぶことで，「ああ，今の時代の100点の会社はここまでやっているんだ」ということを知ろうとしているのです。

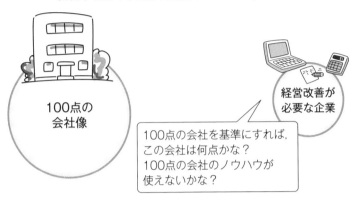

経営学とは100点の会社のレベルを学ぶこと

100点の
会社像

経営改善が
必要な企業

100点の会社を基準にすれば,
この会社は何点かな?
100点の会社のノウハウが
使えないかな?

そして100点の状態がわかれば,これを基準のモノサシとすれば,今の自分の会社がだいたいどのレベルにいるかに気づくことができます。

そして,例えばいま財務の状態が50点だとしたら,これを55点にまず直すためには何をしたらよいかを,他社の成功例をヒントに考えるのです。

学んだ知識をどんどんビジネスで試していくと,その中で自分でも実際に結果につながるような知恵が生まれてきます。これがみなさんの財産となり,資格取得後のコンサルティング活動にも生きてくるのです。

### 3 自分の会社の経営戦略,自分自身の経営戦略を立ててみよう

最後に私が最もお勧めしたいことは,診断士の学習を進めていく中で経営戦略を立てていく方法がだいたいわかってきたら,自分の勤めている会社(または自分の経営している会社)の経営戦略を,学んだ知識を使って実際につくってみることです。

ビジネスをしっかり学んだからには,将来は自分で独立して成功するか,またはベンチャー企業の経営陣になって成功するか,または大企業の経営管理者になって成功するか,だいたい目指すのはこの3つのどれかになってくると思います。

大きな順番としては,
① 経営理念をまとめる
② 経営方針を固める
③ 経営環境の分析を行う
④ 経営環境分析を元に,自社の強みを確認する
⑤ 強みを生かせる事業領域(ドメイン)を考える
⑥ マーケティングプランを考える
⑦ 実行計画を立てる
という流れになると思います。

　どの方向性を目指すにしても,経営戦略を立てる経営管理者となっていくわけですから,今から常に経営管理者になったつもりで計画を立てていけば,ある日みなさんの努力をみてきた上司から大抜擢されたときにも,あわてずにすみますよ。

　そして,もう一つは,自分自身の経営戦略を立てることをお勧めします。

　なかなか将来の自分のあり方について,きちんと競争を意識した経営戦略までかたちづくって紙に書いている方は少ないのですが,私は20代のころから毎年10年後の計画をつくっています。

　そうしますと,自分の人体実験の結果により,だいたい10年で計画したものは5年でかなっていることがわかります。つまり短い時間で夢がかなってい

くということです。(この経験をもとに,『10年後にパーフェクトな自分になる本』(中央経済社刊)という書籍を2003年に書きましたが,これは韓国でも翻訳出版されています。)

　私は,このように戦略計画をきちんと立てると早く結果がでる最大の理由は,毎日の生活にムダがなくなっていくからだと思います。経営知識を前提に「競争環境」を意識して,「経営環境分析」をしたうえで経営計画を立てると,目標にむけて最短距離の努力をする計画になります。だから早く結果が出るのです。

　このように診断士資格は学習している過程でも自分が成長できますし,実際にビジネス現場でも活かせる大変有力な資格です。

　みなさんもぜひチャレンジして豊かなビジネス人生を歩んでください。

---

> ### コラム　中小企業診断士になった自分を想定した目標を持て！
>
> 　目標を紙に書いて毎日持ち歩いてみると,そのとおりに実現するということがよく自己啓発書に書いてありますが,まさにその通りだと思います。
> 　診断士になった未来の自分をイメージして,未来の自分の具体的な姿を文字にしましょう。そして書いた紙を毎日持ち歩いて眺めるようにしましょう。人間の脳は,毎日見ている文字やイメージに反応しますので,そのイメージになるような行動をするようになります。結果的に診断士になった未来が実現していきます。私も常に自分の未来を具体的に紙に書いていますが,だいたい3年後くらいかなあと思って書くと,1年後には実現していてあとでびっくりします。そのイメージや目標以外のことをやらなくなるので無駄がなくなって競争力が高まるのだと思います。ぜひ未来のイメージを紙に書いてもちあることをお勧めします。

# 第**6**章

# こんな時に役立つ
# 中小企業診断士の知識

　診断士で学ぶ知識は，ほぼ MBA と同じ内容です。そして，その知識は，問題を解決させるための思考のフレームワークとなって，現実のビジネス上の問題を解決するのに大変役立ちます。

　そこで本章では，診断士で学ぶ内容で，すぐ明日からのビジネスに役立つ 15 個のテーマについて，具体的なビジネスシーンでの活用法についてご紹介したいと思います。

　15 のテーマの中には，経営戦略に役立つものもあれば，新規ビジネスプランを考えたり，マーケティングを見直したり，会社の数字を分析したり，部下のモチベーションを高めるための内容もあります。ぜひ本章で学んだ知識を日々のビジネスでの問題解決に役立ててください。そして，より深い内容を診断士の学習で学ばれることをお勧めします。

第6章

# 1 新しいビジネスプランを考える
## SWOT 分析

●**環境分析はビジネスプランニングの基本**

　本章では，診断士で学ぶ知識がどんなビジネスシーンで役に立つのかについてご紹介したいと思います。

　まず，最初にご紹介するのは，新しいビジネスプランを考えるときに役立つ「SWOT 分析」です。

　例えば，あなたが中堅のビジネスマンで，それなりに成果を上げているとしましょう。このような人材によくあるケースとして，「そろそろ彼も自分でビジネスを組み立てる時期に来ているのではないか？」という期待が集まり始めます。

　そしてある日部長から呼ばれてこのように言われるかもしれません。

　「そろそろ君も新しいチャレンジをする時期だ。今の経営環境と，わが社の経営資源をよく分析して，新しい新規ビジネスのプランを来週までに考えてみてくれ。」

　これは，あなたにとっては大きなチャンスですが，ある意味大きなリスクでもあります。新しいビジネスプランといっても，思いつきのようなものではまずいし，かといって今のビジネスと大きく違わないものでは，新規にやる意味がありません。

　これはある意味試されている場面なのです。つまりあなたが「経営の原理原則に立ったビジネス環境の分析ができるかどうか」，「今後経営陣の一翼に加えられるような人物かどうか」を経営陣や管理者が試しているのです。

　そこであなたにお勧めしたいのは，診断士試験で学ぶ「SWOT 分析」という環境分析手法を使うことです。

　SWOT 分析は，経営環境分析の代表的な手法で，外から来る「機会（Opportunities）」と「脅威（Threat）」をよく分析したうえで，その企業の

「強み（Strength）」と「弱み（Weakness）」を洗い出し，強みを伸ばそうという考え方です。この4つのテーマの英語の頭文字をとって「SWOT 分析」と呼んでいるのです。

### ●与えられた環境の中での強みを伸ばす

　企業は，自らの強い部分を集中的に伸ばすことで，競争に勝てるビジネスを構築することができます。しかし，大前提として，企業を取り巻いているビジネス環境の影響に逆らうことはできません。

　例えば，企業の外の環境から急にチャンスが降ってくることがあります。

　今まで地道に無農薬野菜をつくっていたら，自然派ブームが来て，急に売上が伸びるときなどです。また，急にビジネスリスクが増えることもあります。今まで普通に売っていた海外からの輸入食品の信頼性が，急に下がったときなどです。

　このような外から来る影響は，企業にとってはどうすることもできないものなので，環境変化に対応するしかないのです。

そして，このような外部環境を大前提として，自社の「強み」を考え，強いところに経営資源を集中投下すると，競争力が高まるのです。「弱い」部分は，これを補ってくれるアウトソース会社やビジネスパートナーを探すことで対応するようにします。

### ●SWOT 分析は経営者の思考にフィットする

この SWOT 分析の思考軸は，きちんと経営を学んだ方なら誰でも持っている思考軸ですので，これを前提にビジネスプランを組むと，大変納得性が高いものになり，経営者や管理者の方が評価しやすいのです。

そこであなたは，自社を取り巻く経営環境について，入手できる情報をかき集めて分析し，チャンスとリスクを把握します。

そして，自社を見渡して，このチャンスとリスクを考慮したうえで，競争力を持っているようなものがないか，またはチャンスが活かせそうなビジネスシステムを，自社の経営資源で組めないかについて検討します。

すべてが自社でまかなえなければ，他社とのアライアンスや，M＆Aなども含めて考えてみるとよいでしょう。

そして，右頁の図のようなかたちで調べた内容やアイデアをまとめ，部長に提案すれば，「ちゃんとビジネス全体を考えることができる人材になったな」と評価されるはずです。

なぜなら，この SWOT 分析の思考軸は，経営管理者の共通思考軸となっているからです。

## SWOT分析（環境分析）

企業を取り巻く，その企業の力ではどうにもできない外部環境の分析

| Opportunity<br>（機会） | Threat<br>（脅威） |
|---|---|
| Strength<br>（強み） | Weakness<br>（弱み） |

外部環境を前提としたその企業の強みと弱みの分析

---

**コラム**　　　弱いところには執着しない

　SWOT 分析をすると，外部環境を前提にした強みと弱みが明確になります。そこでポイントは強いところをより伸ばすことですが，逆に考えると「弱いところはやめる，撤退する，他社にアウトソースする」ことにより，勝てない競争はしないというところにもポイントがあります。

　収益性が低い会社の多くは，以前にはじめて今はもうかっていない事業の存続にこだわっていることが多いのですが，弱い事業は改善するよりもさっと手を引いてしまうほうが収益性が高まります。そしてその弱い事業をやめた余力を強いところに集中投下するほうがずっと会社としては健全なのです。

## 2 コアビジネスに経営資源の集中をはかる
ドメインの再定義

### ●日本企業がなかなか No.1 にならない理由

　私は以前競争戦略の世界的な大家，マイケル・ポーター博士の日本講演を聴きに行ったことがあります。ちょうど，『日本の競争戦略』という書籍を出版されたばかりで，その記念講演として来日したのです。

　同時通訳による講演は，たいへんエネルギッシュかつ内容に富んだもので，最後は感動した聴衆のスタンディングオベーションで締めくくられました。

　そこで話されていた内容の中心は，「日本企業は何でも手広くやるから，力が分散されて世界ナンバーワンになかなかならない」「インテルは IC チップだけ」「マイクロソフトは OS だけに集中して経営資源を投下するから，世界一になるのだ」ということでした。

　そしてこの講演の前後から「事業の選択と集中」ということが日本の企業でも言われるようになったのです。

### ●メインクライアントをしっかり定める

　この「選択と集中」を行うためには，前段の SWOT 分析も役に立ちますが，それよりも，「メインクライアント」をきっちりと想定して，その「ニーズ」にあった商品やサービスをそろえることが一番重要です。

　この前提に立って，我々コンサルタントが経営者に会うとき，最初に確認することがあります。それは，「あなたの会社のメインクライアントはどんな人（会社）ですか？」というものです。

　そして，例えば小売業で「うちの客は，うちの店の前を歩いている人」というような答えが返ってきたら，この店はちゃんと考えて経営していないなと判断します。

　なぜなら，うちの店の前を歩いている人の中で，メインクライアントが「男」

なのか「女」なのかの違いだけで，もう商品に対するニーズが変わってきますし，「年齢」「年収」「社会的地位」「嗜好性」などで求めるものが全然違うからです。

### ●メインクライアントのニーズに独自性をもって応える

メインクライアントを想定しないで商品を仕入れているとすれば，それは単なる勘やあてずっぽうで仕入れをしていることになり，クライアントのニーズと商品が合っていないので，なかなか売れないということになるのです。

あなたがきちんとターゲットを想定して，そのニーズを把握し，ニーズにあった商品を揃えるなら，基本的にビジネスはうまくいくはずです。

そこでもう一点重要なのは，クライアントのニーズに応える商品，サービスに「他社に真似のできない独自性があるか」ということです。これがあれば，価格競争に巻き込まれずにすみます。なぜなら「どこにでもある商品，サービス」はすぐ真似をされて価格競争になるからです。

このように「メインクライアント」をきちんと設定し，「そのニーズを的確

にとらえ」,「他社に真似のできない独自性をもって応えること」を, ドメイン (事業領域) を定義するといいます。

この三つの軸をきちんと考えてドメインを定義すると, コアビジネスが明確になり, 目指す顧客ターゲットに対して競争力を保ちながら集中することができます。

---

**ドメイン（事業領域）の定義**

ドメインを決定する3要素

- 誰の
- どんなニーズに対して
- どのような独自能力で応えることで, 対価としての収益を得るか？
  （他社に真似のできない独自性は何か？）

---

## 3 事業の成長方向性を考える
市場マトリックス（成長ベクトル）

### ●事業の成長方向を考える思考軸

あなたが経営管理者として, 自分でビジネスをコントロールするようになっていくと, 今後長い目でみて, 今開拓している標的市場だけで, 今後も成長していけるのか, 成長を持続するために他の市場も開拓すべきなのかについて考える時期がきます。

そのとき, 頭を整理するのに大変役に立つのが「市場マトリックス（成長ベクトル）」という思考軸です。

これは, 以下のようなマトリックス図を使って, どの方向へ進むべきかを考えるものです。

図を見ていただくと, 大きく「製品（技術）」という横軸と,「市場」という縦軸があり, その中で「既存」と「新規」の二つの軸がそれぞれ設定されています。

## 市場マトリックス

| | | 製　品（技術） | |
|---|---|---|---|
| | | 既存 | 新規 |
| 市場 | 既存 | 市場浸透戦略 | 新商品開発戦略 |
| | 新規 | 新市場開拓戦略 | 多角化戦略 |

　そして，このマトリックスの一つひとつを検討していくと，成長の方向が整理されるようになっているのです。

　例えば，縦軸の市場から考えた場合，既存市場に，既存の製品を売り込んでいくという左上の考え方をとるのであれば，今の市場をもっと深く開拓していこうという「市場浸透戦略」をとることになります。

　また，同じく縦軸の市場から考えて，既存の製品を新しい市場に売り込んでいこうという左下の考え方をとるのであれば，新しい市場を今の製品で開拓していこうという「新市場開拓戦略」をとることになります。

　次に横軸の「製品」から考えて，既存市場に，新しい製品を売り込んでいこうという右上の考え方をとるのであれば，「新製品開発戦略」をとることになり，新しい市場に新しい製品を売り込んでいこうという右下の考え方をとるのであれば，「多角化戦略」をとることになります。

　このように整理された思考軸を使ってそれぞれのマトリックスを考えながらビジネスリスクとリターンを考えていけば，納得性の高い事業成長の方向性を見つけることができるはずです。

**事業の多角化は景気上昇時以外は難しい**

　成長ベクトルを使うと，事業の方向性が考えやすくなりますが，「新しい市場」に「新しい商品・サービス」で攻めていく「多角化」は，余裕のある大資本があるか，景気上昇時以外はなかなか成功しにくい分野です。日本でもバブル期に多くの企業が多角化しましたが，景気後退局面でほとんどの多角化が失敗し，事業を売却したり，撤退したりしています。

　M&Aによる多角化も一時期はやりましたが，その7割は失敗しているという報告がハーバードビジネスレビューなどで紹介されています。ですので，現実的な方向としては，今の顧客を中心，または今の強みのある商品・サービスを中心に事業拡大することがリスクが少ない拡大の方向性なのです。

 **競争力を高める**
競争戦略

### ●競争力アップの原理原則とは

　がんばっているのに，他社に対する競争力が弱いと感じる場合があります。

　そういうときに，ただ単に「もっとがんばれ」というだけでは経営管理者としては失格です。

　やはり経営の原理原則にそった思考軸を持って，競争力をつける方向性を考えるべきでしょう。

　競争力を高めるためには大きく3つの基本戦略があります。

　それは「差別化戦略」，「コストリーダーシップ戦略」，「集中戦略」の3つです。

　「差別化戦略」とは，自社の商品，サービス，ブランドに，他社にはない独自的な価値を形成することで競争力を高めようとする戦略です。

集中しないと
競争に
勝てないヨ!!

　例えば高いブランドイメージのある企業は，高い商品を普通に売ることができますし，独自のサービスを展開している企業では，他社にないサービスによって，顧客からは特別な会社として認識されるはずです。

　商品も，「ここでしか手に入らないもの」というものは多くの場合特別な価値を持って認識されますので，競争上は優位になるのです。

　次の「コストリーダーシップ戦略」とは，他社よりも安く仕入れたり，製造したりするノウハウを持って，他社より安い価格で商品を販売する戦略です。

　ただ，他社が追随して価格競争になる場合もありますので，体力のある企業

| 競争戦略 | | | |
|---|---|---|---|
| | | 戦略の優位性 | |
| | | 顧客から特異性 | 低コスト地位 |
| 戦略標的 | 業界全体 | 差別化 | コストリーダーシップ |
| | 特定セグメント | （差別化集中）集中（コスト集中） | |

に向いているといえるでしょう。

そして，「集中戦略」とは，差別化戦略やコストリーダーシップ戦略のように広い市場をターゲットとするのではなく，狭く限定された顧客層をターゲットとして，その市場における競争力のある地位を確立しようというものです。

競争力を確保するには，やはり「差別化」するか「コスト優位性」を発揮するかのいずれかになります。

競争力も，ただがんばるだけでなく，このような体系的な思考軸と，自分の企業の経営資源を検討しながら，筋道を立てて考えることが重要なのです。

## 5 事業の管理を行う
### マネジメント・サイクル

●結果を正しく評価する事がポイント

多くの企業で言われることですが，「やりっぱなしのビジネススタイル」がマンネリや，成長性に乏しいビジネスの原因になっていることがよくあります。

例えば，新しい企画を立て，実行するのは得意なのに，実行した結果につい

結果の評価

あまり
考えたくないな…

ては，よかった場合でも悪かった場合でも，その理由をきちんと精査して次の計画を修正している企業は意外と少ないものです。

その理由は，「もう過去のことだ」と考えたい人間の心理にあります。

新しいビジネスをやって結果がよかった場合は，基本的に「自分がえらかったからだ」と考える方が多いようですが，本当は「ただ単に市場から生まれた機会がタイミングよくきただけ」かもしれません。

また，悪かったときには，「タイミングが悪かったからだ」または「チームメンバーがよくなかったからだ」と考える方が多いようですが，「チームリーダーのリーダーシップがダメだった」という場合も多いのです。

## ●現実を直視できるリーダーになる

このように，実行した結果について精査すると，「見たくない現実」を直視しなくてはいけないので，あまり結果を評価することが好きでない方が多いのです。

しかし，あなたが優秀な経営管理者になっていくのであれば，一つひとつのビジネスについて，「計画」，「実行」，「結果チェック」「改善行動」という一連の流れで毎回のビジネスを精査し，次の計画に活かしていくことが必要です。

この一連の流れを「マネジメント・サイクル」といいます。

マネジメント・サイクルは経営管理の基本中の基本ですが，現実のビジネスでは，最後の「結果チェック」，「改善行動」そして「次の計画の修正改善」という部分が欠落していることが多いようです。

この傾向は企業に限らず個人でもよくありますね。

結果については，成功したときは「よかった」で済ませたいし，悪かったときは「タイミングが悪かった」で済ませたいものです。

しかし，あなたが，経営においても人生においても優秀な管理者になりたいのであれば，ビジネス上でも個人生活上でもこのマネジメント・サイクルの考え方を活かして，毎日の経験をよりよい向上のために役立てていくことが重要です。

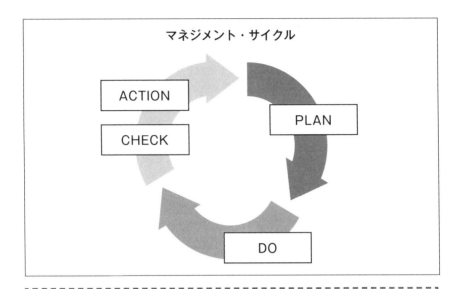

マネジメント・サイクル

ACTION

CHECK

PLAN

DO

---

**コラム**　　　　　個人決算のすすめ

　計画したものが，実際に実行され，結果がでたかどうかをチェックする
マネジメント・サイクルを学んだら，ぜひ個人決算をすることをお勧めします。
　つまり年初に立てた自分の計画に対して，実行した内容をチェックし，
結果がでたかどうかをチェックするのです。会計上の決算というよりは，
個人の行動目標の決算です。
　ポイントとしては，「個人生活」「仕事」「未来への活動」という三つの
カテゴリーでチェックしてみるとよいかと思います。「個人生活」では，
健康・メンタル・コミュニケーションについて目標を立てると個人生活の
シアワセ度がチェックできます。「仕事」では，業績・管理能力・新たな
取組みについて目標を立てると，仕事が上昇方向に進んでいるかどうかが
チェックできます。「未来への活動」では，人脈・ファイナンシャルプラ
ンニング・実力の証明となる資格・学位等への取組みについて目標を立て
ると，未来にむけて活動しているかどうかがチェックできます。

# 6 管理者として人を使う
モチベーション理論

## ●部下のモチベーションアップのポイントとは

ビジネスで一番難しいのは，人を使うことだと思います。

ビジネスをシステムとして構築していくためには，きちんとしたビジネスプランを立てるだけでなく，実行する人の教育と目標管理，モチベーション管理をしっかりやらなければなりません。

あなたがリーダーとして仕事をするのであれば，最も頭を痛める問題のひとつは「部下のモチベーションアップ」だと思います。

どうやったら彼らは
やる気になって
くれるんだろう

うう…難しい…

厳しくつきはなすのがいいのか，やさしく理解力を示すのがいいのか，手取り足取り全部指示するのがいいのか，ある程度の考え方を示してあとは創造性にまかせるほうがいいのか。そもそもやる気が出る，出ないは給与や人事システムの問題なのかなどのさまざまな疑問が出てくるでしょう。

このような問題について研究してきたのがモチベーション理論です。

モチベーション理論では，さまざまな実験研究により，改善すれば部下のやる気につながるテーマと，改善してもやる気が出る，出ないとは，あまり関係のないテーマについて，ある程度解明しています。

●動機づけ要因と衛生要因

　大まかに言えば，人間の満足は仕事とそこに関わるメンバーからの承認が第一であり，「やったな」「すごいじゃないか」「さすがだね」「君にまかせて正解だった」と言われたいためにがんばるものなのです。

　このような承認や達成感などを「動機づけ要因」といい，ここを改善すると従業員のモチベーションを高めることができます。

　一方，改善しても，不満が解消するだけで，特にやる気が出るかどうかとは関係ないものを「衛生要因」といいます。

　これは職場の作業環境や，人間関係，給与などが中心で，ようするに，それなりになっていて当たり前。条件がよくなければ不満につながるだけというテーマです。

　みなさんが管理者として，部下の動機を高めたいのであれば，動機づけ要因を改善すべきでしょう。

　具体的には，仕事の幅を広げて，より多くの種類の仕事をまかせたり，管理職ではないのですが，サブリーダーのような監督に近い権限を与えて，自分が管理者のつもりでビジネスに参加させるなどの方法があります。

---

### 動機づけ衛生理論

| ・動機づけ要因 | ・衛生要因 |
|---|---|
| 積極的姿勢につながる。 | 積極的姿勢につながらない。 |
| ① 達成感 | ① 会社の方針 |
| ② 承認 | ② 上司の監督 |
| ③ 仕事そのもの | ③ 給与 |
| ④ 仕事への責任 | ④ 人間関係 |
| ⑤ 昇進 | ⑤ 労働条件 |
| | ⑥ 作業環境 |

## 7 マーケティングを体系的に考える
マーケティングの4P

### ●マーケティングとは「売れる仕組み」をつくること

　企業活動で最も重要なことは，売上をあげ，利益を出し，キャッシュフローを生み出すことです。

　どんなに優れた研究開発結果や，商品や，ビジネスシステムがあっても，現実的に商売として成立していなくては意味がありません。

　そこで，重要となってくるのは，「売れる仕組み」をつくりあげることで，売れる仕組みを考えることを「マーケティング」といいます。

　マーケティングを考えるときには，「こんな風にしたら売れそうだな」というざっくりしたイメージも重要ですが，実際にシステムとして組み上げていく際には，いくつかの思考軸に分けて，一つひとつを精査していく必要があります。

### ●マーケティングの思考軸は4P

　マーケティングを考えるときの思考軸は，「商品（Product）」「価格（Price）」「プロモーション（Promotion）」「立地（Place）」の四つで構成されており，こ

れをマーケティングの4Pと呼びます。

　つまり、「どんな商品を」「いくらで」「どんな販売方法や集客方法で」「どういう場所で」売るかを考えるということです。

　この前提には、ドメインで学んだ「メインクライアント」の設定があります。

　メインクライアントのニーズに対して、4Pを考えるのです。

　例えばメインクライアントが20代の女性で、洋服を売るのであれば、このようなメインクライアントの「イケメン＆その他大勢の男性に愛されたい」というニーズに対して、「イケメン＆その他大勢の男性が、つい好きになってしまうようなデザインの服」を「20代女性のお小遣いで購入できる価格」に設定し、20代女性が好きそうな「渋谷や下北沢などの場所」で、「特別会員募集の限定セールで売る」というような4Pを考えることができます。

　特別会員に登録すると、会員特別価格で購入できる仕組みにすれば、顧客リストを集めることができ、携帯電話のメールアドレスも記入してもらえれば、今後は携帯電話への会員特別セール案内メールで携帯サイトから購入させることもできるでしょう。

　このように4Pの思考軸を使うと、具体的なマーケティングシステムを、重要な検討事項を洩らすことなく考えることができます。

---

### マーケティングの4P

- 商品（Product）
- 価格（Price）
- プロモーション（Promotion）
- 立地（Place）

---

# 8 標的とすべき市場を考える
### ポジショニング

●**思考整理に役立つポジショニングマップ**

ビジネスを考える場合には、「どういう対象」に対して、「どんな価格や品質で」商売をしようかということを検討する必要があります。

頭の中にはさまざまなアイデアが浮かぶのですが、うまく整理できないこともあるかと思います。

そんなときに役に立つのが「ポジショニングマップ」（図）です。

これは、タテとヨコの二つの軸を使って、考えを整理するときに使うマップで、ぼやっとしたイメージを明確に切り分けてくれますので、思考軸としては大変役に立つものです。

例えば中華料理の店をやろうと考えたとき、SWOT分析や、ドメインの定義から考えていく方法もあるのですが、まず自分としてどんな店がやりたいのかを整理するためにはポジショニングマップで整理するほうがよく整理できます。

そうか！

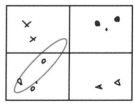

【ポジショニングマップ】

ポジショニングマップは
考えを整理するのに
役立つ！

例えば，縦軸に品質をとり，横軸に価格をとって考えるとします。

縦軸の上の端は，品質が高い，下の端は品質が低い，横軸の右端は価格が高い，左端は価格が低いというかたちで設定すると，四つの象限に分けることができます。

そこで，それぞれの象限にどのような内容が入るのかを，それぞれ考えてみます。

●カテゴリーごとに具体案を検討する

右上の象限は，高い品質に高い価格ですので，「高級中華料理店」ということになるでしょう。左上の軸は，品質は高いが低価格で提供するということなので，「店舗コストのかからないネット販売で，高級中華を売る店」ということになります。また，右の下は，品質が悪い料理を高く売りつけていますから，「裏町のこわい店主がいる中華料理店」ということになるかもしれません。

そして，左下は，品質も低く，価格も低いわけですから，「とにかく安さが武器の店」ということになるでしょう。

そして，このように各象限の特徴が固まったところで，それぞれに対して具

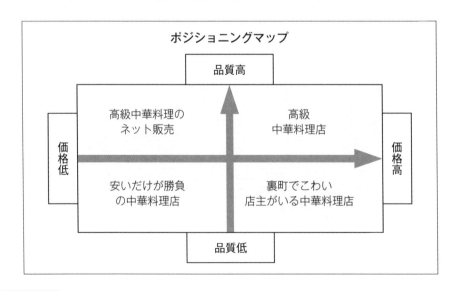

体的な顧客像を設定し，ドメインも考えていきます。

　ポジショニングマップは，2軸の2次元ではなく3軸の3次元（立体）で作る場合もありますが，ようは頭の中を整理するために整理箱をつくるという手法です。

　いろいろな場面で役に立ちますので，ぜひ活用してみてください。

**街のポジショニング**

**9　商品構成を考える**
**プロダクト・ミックス**

### ●品揃えの幅と深さを検討する

　商品の品揃えを考えるときに，「幅広く色々な商品を少しずつ在庫として持つ」のがいいのか，「せまい範囲の商品をこだわりの品揃えで深く持つ」のがいいのかについて悩むことがあると思います。

　幅広い品揃えを持つということは，それだけ顧客層が広くなりますので，たくさんの人にお店に来てもらえるメリットがありますが，その分，一種類ごと

の在庫が少ないと，品切れ状態になって，逆に悪いイメージになってしまう場合もあるでしょう。

　幅広い品揃えで，多くの在庫を持てるのは規模の大きい店です。資本力に支えられたこのような店に対して，中規模や小規模の店では，「せまく限定された商品範囲を設定して，その店ならではのこだわりのある商品を深く持つ」という専門店スタイルの方が，経営効率が良いようです。

　例えばこだわりのある古着だけを売っている店とか，ヴィンテージギターだけを売っている店などは，その店の扱う商品範囲に関心のないお客さんにとってはまったく興味を持ってもらえませんが，こだわりのある商品を探すお客さんにとっては，宝の山に見えるでしょう。

　特に最近では，インターネット上での販売も簡単にできるようになっていますが，ネット上の店ではこだわりのある専門店が繁盛しているようです。

　このように，販売商品の範囲の広さと，深さについて考えることをプロダクト・ミックスといいます。

　大前提としては，ドメインをきちんと決めて，メインクライアントのイメージを明確に持つことが大事です。その上で専門店を目指すのか，量販店を目指すのか，またその中間的な店を目指すのかなどを考えるときに，商品の範囲と深さを考えるプロダクト・ミックスの思考軸が役に立つでしょう。

例えばジーンズ専門店であれば，次の図のようなジーンズにこだわった専門的な商品構成となるはずです。

### プロダクト・ミックス

| ジーンズ<br>専門店の例 | 商品の深さ | | | |
|---|---|---|---|---|
| 商品の<br>種類の幅 | ジーンズ1 | ジーンズ2 | ジーンズ3 | ジーンズ4 |
| | ベルト1 | ベルト2 | ベルト3 | |
| | シャツ1 | シャツ2 | | |

## 10 サービスを向上させる
サービス・マーケティング

### ●サービス産業化が進む日本

最近の日本でどんどん増えているのは，サービス業です。日本自体が工業生産中心の第二次産業の国から，サービス産業中心の第三次産業の国に移行していますので，今後もこの傾向は続きそうです。

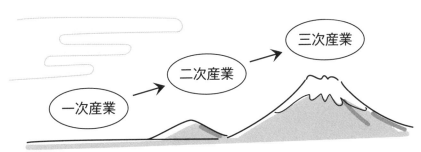

日本は第三次産業つまりサービス産業の国へ移行中!!

　消費者向けのサービスとしては，家事代行業や，教養，娯楽，癒しなどを提供するサービス業，金融，保険，不動産などのサービスが拡大しているようです。今後はセキュリティサービスも増えるかもしれません。

　事業所向けのサービスとしては，人材派遣，セキュリティサービス，IT サービス，金融，コンサルティング，アウトソーシングなどさまざまなビジネスが拡大しています。

　このような中で問題となってきているのが「サービスの品質」です。

### ●サービスの品質はコンタクトパーソネルで決まる

　サービス業は，商品を売れば終わるビジネスと違い，どこかでサービスを提供する人間が関与します。

　ですので，どんなに緻密なビジネスを組み上げても，最後のサービス提供者がイマイチだと，「なんだ，この会社は！　ちゃんと社員教育しているのか！」というお叱りを受けることになってしまうのです。

　サービスの品質をあげるためには，サービスを提供する人（コンタクトパーソネルと呼びます）が高い職業意識と，顧客マインドをもって顧客にサービスを提供する必要があります。そして，そのためには，単にマニュアル教育を行うだけでなく，ものの考え方や，サービスの本質的な理解なども積極的に教育する必要があります。

　なぜなら，対象が商品ではなく人間だからです。

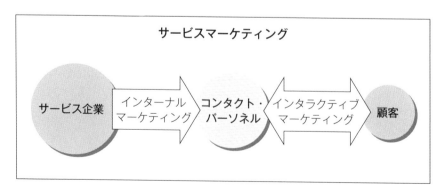

　大規模のチェーン店では，一時期マニュアル教育を進めるあまり，人間的な臨機応変の対応ができない販売員が増えて，顧客が離れてしまったことがあります。このようなことが起きないようにするためにも，コンタクトパーソネルであるサービス提供員が，自信と誇りを持ってサービス提供できるよう，会社としてもよく会社の方針や，考え方をこのサービス提供員自身に売り込まなくてはいけません。これを「インターナルマーケティング」といいます。

　会社の方針に対する深い理解と，サービス商品に対する深い理解があって，はじめてよいサービスが臨機応変に提供できるようになるのです。

## 11　価格を決める
価格戦略

### ●競争を考えた価格戦略

　商品の価格はなるべく高くしておきたいものです。なぜなら同じ数の商品を売っていても，利益が全然違ってくるからです。

　しかし，価格競争のない，オンリーワンの商品を販売できるチャンスを持っている場合は別として，多くの場合は，競合他社との競争によって価格競争にまきこまれてしまいます。

　このような競争を前提とすれば，まず新商品を市場に投入するときに，どのような価格をつけるのかというところから，価格戦略が重要になってきます。

高値で
少数の人に
まず売るか…

安値で
たくさんの人に
まず売るか…

難しいねえ…

他社になかなか真似のできない技術やデザイン，ブランドなどを持った商品の場合は，最初は高めの価格を設定し，最初の段階で開発コストやマーケティングコストをある程度回収した上で，だんだんと価格を下げていくような戦略が有効でしょう。これをスキミングプライス戦略（上澄み吸収価格戦略）といいます。

一方，わざと商品価格を下げて新商品を世に出し，安さと新しさで圧倒的なシェアを確立することで，総額としての利益を得ようという戦略もあります。

これをペネトレーションプライス戦略（市場浸透価格戦略）といいます。

最近の例でいくと，液晶テレビなどは，スキミングプライス戦略だったと思われます。最初は50万円くらいが普通でしたが，普及してきて，競争参入もはげしくなったのでかなり低価格になってきていますね。

また，「半額」を武器に市場を広げたハンバーガーチェーンは，ペネトレーションプライス戦略だったといえるでしょう。

ただ，値段が安いだけではいつか飽きられてしまいますので，品質と継続的な展望にたった戦略が必要となります。

●競争のない市場をつくる戦略

また，このような価格競争から一歩はなれて，独自市場を開拓し，独自のブランドを構築するによって価格設定の主導権を握ろうという動きもあります。

これはここ数年「ブルーオーシャン戦略」として話題になっていますが，例えば「大人のための洒落たサーカス」という独自の路線を開拓し，独自のブランドを構築したシルク・ドゥ・ソレイユのように，まったく競争のない，青く

---

**価格戦略**

- スキミングプライス戦略
  新商品投入時に高めの価格を設定し，初期コストを早期に回収する。
- ペネトレーションプライス戦略
  新商品投入時に，低めの価格を設定し，圧倒的な市場シェアを握る。

おだやかな海を開拓することで，価格競争を逃れようという新たなビジネスモデルもあるのです。

　いずれにしても，価格戦略はビジネスの利益をきめてしまう大切な要素ですので，よく検討することが重要です。

## 12 ビジネスの効率を知る
### 自己資本利益率（ROE）分析

### ●ビジネスをコントロールする基本とは

　さて，経営管理者が基礎的に身につけなければいけないことで最も重要なことは，「経営数字を読む」ことです。

　数字が読めなければ経営をコントロールすることはできません。

　まず株主が最も気にする自己資本利益率をご紹介しましょう。

　これは株主にもらったお金でどのくらいの利益を上げているかという比率で，資本を有効に使ってリターンを生んでいるかを見る比率です。

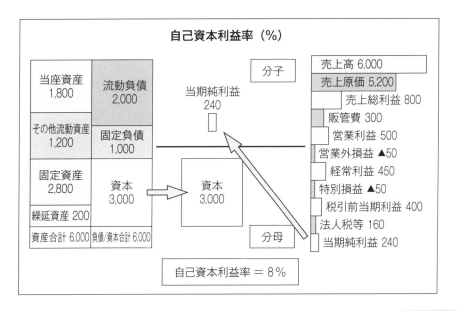

自己資本利益率（％）

| | | | |
|---|---|---|---|
| 当座資産 1,800 | 流動負債 2,000 | 当期純利益 240 | 売上高 6,000 |
| その他流動資産 1,200 | 固定負債 1,000 | | 売上原価 5,200 |
| | | | 売上総利益 800 |

分子

売上高 6,000
売上原価 5,200
　売上総利益 800
販管費 300
　営業利益 500
営業外損益 ▲50
　経常利益 450
特別損益 ▲50
　税引前当期利益 400
法人税等 160
当期純利益 240

当座資産 1,800　流動負債 2,000
その他流動資産 1,200　固定負債 1,000
固定資産 2,800　資本 3,000
繰延資産 200
資産合計 6,000　負債/資本合計 6,000

資本 3,000

分母

自己資本利益率 ＝ 8 ％

　株主は常に ROE をチェックしていますので，あなたが上場企業の経営管理者になったら常にこの数字をチェックするようになるでしょう。

---

**自己資本利益率でわかること**

- 自己資本（株主資本）がどれくらい効率的に使用されたかがわかる。
- この比率が高いと，この企業へ投資している株主の資産価値が高くなっていると判断できる。
- 株主が最大の関心を持つ指標である。
- アメリカではROEとよばれ重視されている。

---

ポイント学習

# ROE (Return On Equity)

## 自己資本利益率

△企業の自己資本に対する当期
純利益の割合のことをいう。

算出式

$$ROE = \frac{EPS（1株当たり利益）}{BPS（1株当たり純資産）}$$

# 13 利益が出やすい仕組みをつくる
損益分岐点分析（ゼロイーブン）

## ●いくら売ったら利益が出るのかを把握する

次にご紹介するのは，利益が出やすい仕組みを考えるための，損益分岐点分析です。

これは，会社のコストを，例えばジュースの缶のコストのように「売れるつど増えていくコスト」と，人件費や家賃のように「売上に関係なくかかるコスト」に分け，売上が，この2つのコストの合計を超えた部分から利益だと考える方法です。「売れるつど増えるコスト」は「変動費」といい，「売上に関係なくかかるコスト」は「固定費」といいます。

この変動費と固定費の合計を超えたところからが利益ですので，変動費の割合を下げるか，固定費を下げることによって，利益が出やすい企業体質をつくることができるのです。

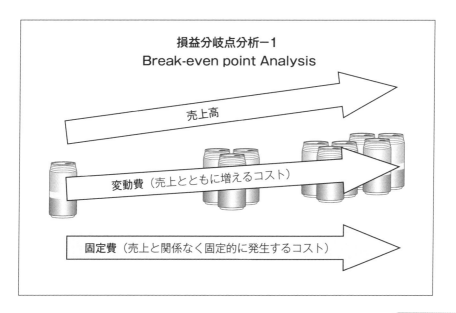

損益分岐点分析－1
Break-even point Analysis

売上高

変動費（売上とともに増えるコスト）

固定費（売上と関係なく固定的に発生するコスト）

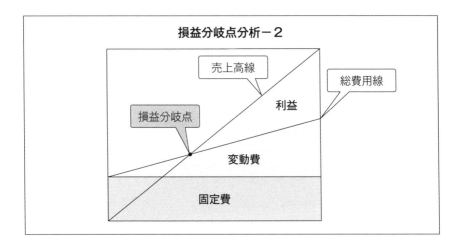

上記の図で斜めに走る売上高線の途中に，固定費と変動費の合計を超えている点があります。これが損益分岐点です。この点を超えたら利益が出ます。

---

### 損益分岐点分析でわかること

- いくら稼いだところから利益が生まれるのかがわかる。
  （目標利益達成売上高などもわかる）
- この損益分岐点を越えないかぎり，いくら売上高があっても利益がでない。
- 損益分岐点を下げる方法は以下の二つ。
  ① 固定費を下げる
  ② 変動費を下げる

---

損益分岐点は，次のような計算式で簡単に計算することができます。

## 損益分岐点分析－3

| 損益分岐点売上高の計算 | $$損益分岐点売上高 = \frac{固定費}{1 - \dfrac{変動費}{売上高}}$$ |

| 損益分岐点比率の計算 | $$損益分岐点比率 = \frac{損益分岐点売上高}{売上高}$$ |

| 損益分岐点販売量の計算 | $$損益分岐点販売量 = \frac{固定費}{販売単価 - \dfrac{変動費}{販売数量}}$$ |

ポイント学習

## 損益分岐点分析とは！

◆ 損益分岐点とは，利益計画において売上高と総費用が一致する点をいい，利益も損失も生じない売上高である。
したがって，売上高が損益分岐点を超えると利益が発生し，逆に売上高が，損益分岐点に達しないと損失が生じる。

## 14 会社の支払い能力を知る
流動性分析

### ●1年以内に返す借金を支払う力があるか

次に，会社に借金支払い能力があるかどうかを見る「流動比率」を見てみましょう。「流動比率」は，1年以内に返済する借金である「流動負債」に対して，何倍くらい現金化しそうな資産「流動資産（当座資産＋その他資産)」があるのかを見る比率です。

日本の場合は1.5倍（150％）くらいあると，支払い能力のある，信用できる会社だと判断されます。

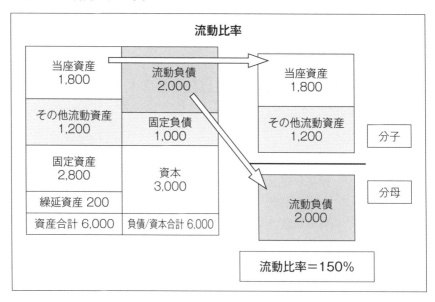

流動比率を見ることによって，その企業と取引をしていいかどうかの判断もできます。支払い能力のない会社とつきあうと，相手が払えなくなったら自分の会社が被害をうけますので，新規取引の最初の段階でチェックすべきものです。

### 流動比率でわかること

- 企業の支払能力（短期の返済義務が払えるかどうか）

- 上記の度合いによって，信用リスクの度合いがわかる。

- ただし，棚卸資産，仕掛品，半製品などすぐに現金になるかどうか
わからないものも含まれているので注意！

- 望ましい水準は150～200%。

ポイント学習

## 流動比率とは！

この流動資産とは，１年以内に現金化でき
る資産で，流動負債とは１年以内に返済す
べき負債。

日本企業の流動比率は

中小企業　　　112.5%
大企業　　　　113.1%　程度です。

※アメリカの場合，優良企業の流動比率は200%以上と
言われている。

## 15 | リスクとリターンを考える
### ファイナンス理論

### ●お金の出し手の期待リターンを生み出せるか

最後に，今もっとも日本企業で必要とされるファイナンス理論の考え方について，加重平均資本コスト（WACC）を例にしてご紹介します。

ファイナンス（コーポレート・ファイナンス）とは，株主や銀行などお金の出し手がその会社のリスクを考慮して期待するリターンに対して，これを超えるキャッシュフローを会社は生み出していかなければいけないとする考え方です。

株主や銀行は，常にその企業が存在する国の 10 年国債の金利を超えるリターンを望んでいます。なぜならその国で一番安全な国債に投資しても，ある程度のリターンは得られますから，少なくとももっとリスクの高いひとつの企業に投資するのであれば，リスクに応じてもっと儲けたいと思うのです。

通常，市場金利プラスその企業のリスクに応じた追加金利分を要求していると考えられます。

### ●お金の出し手は株主と銀行，社債購入者

お金の出し手の一人である株主は，市場金利に加えて，その会社の株価が，市場の株価の変動に対してどの程度動くかという比率である $\beta$（ベータ）にリスクプレミアムを掛けたものを要求してきます。

一方もう一人のお金の出し手である銀行や社債購入者は，市場金利に加えて，その企業のリスクに応じたリスクプレミアムを上乗せして期待しています。

そうしますと，この企業はこの二つのお金の出し手の期待に応えなくてはならないので，「株主の期待リターン×株主資本の比率」プラス，「負債の期待リターン（税引き後）×負債の比率」というかたちで加重平均された期待値を，そのお金を元手にして手に入れた資産を使って生み出すことが求められるのです。

この期待リターンを加重平均資本コスト（WACC）といいます。

そこで将来にわたってこの企業が生み出しそうなキャッシュフローを推測し，それをこのWACCの比率を使って現在価値に割り引き，その値が投資したキャッシュフローを上回るようであれば，株主と銀行家の期待に応えるビジネスだと判断するのが，ファイナンスの基本的な考え方です。

実際はこの考え方を理解するには，現在価値会計の知識が必要ですので，診断士の学習の中で学んでください。

今の最前線のビジネスでは，このような考え方を応用して企業を買収したり，ビジネスプロジェクトの取捨選択をしたりしているのです。

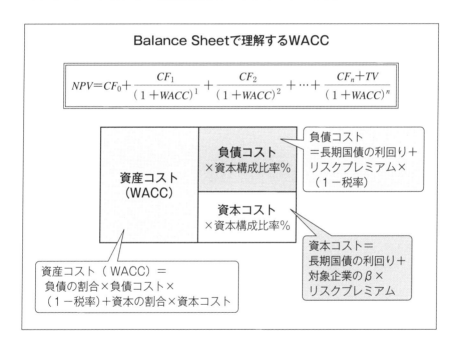

**Balance Sheetで理解するWACC**

$$NPV = CF_0 + \frac{CF_1}{(1+WACC)^1} + \frac{CF_2}{(1+WACC)^2} + \cdots + \frac{CF_n + TV}{(1+WACC)^n}$$

資産コスト
（WACC）

負債コスト
×資本構成比率%

資本コスト
×資本構成比率%

負債コスト
＝長期国債の利回り＋
リスクプレミアム×
（1－税率）

資本コスト＝
長期国債の利回り＋
対象企業のβ×
リスクプレミアム

資産コスト（WACC）＝
負債の割合×負債コスト×
（1－税率)＋資本の割合×資本コスト

第**6**章

---

**コラム**　　　学んだ知識は使ってみる！

　ビジネスの専門知識は，学んだらどんどん使ってみることをお勧めします。なぜならその実体験こそが，経営知識を活きた知恵にするために必要だからです。

　経営知識の多くは，成功している企業のビジネス構造を経営学者が研究して，一般化したものです。ですので，そのまま使ってうまくいく場合もありますが，たいていはアレンジしないと使える知恵に落とし込めないのです。

　まずは実際に学んだとおりにやってみると，「あれ，思ったほどうまくいかないなあ…」ということが多々あると思います。それでいいのです。経営資源も経営環境も違う企業がまったく同じことをやって成果を出すことはできませんので，うまくいかないところを研究して，自分の企業なり，クライアントの企業にあわせてアレンジすることで使える知恵となるのです。

　そのためには，「学んだことはどんどん試してみる」ことが大事なのです。

## 主要専門学校一覧

| 学校名 | 学校名開催校 |
|---|---|
| 資格の大原<br>グループ | 札幌，新潟，仙台，東京水道橋，池袋，渋谷，町田，立川，中大駅前，横浜，日吉，津田沼，大宮，富士宮，静岡，浜松，名古屋，京都，大阪，難波，神戸，愛媛，小倉，福岡 |
| http://www.o-hara.ac.jp/school/ | |
| TAC | 札幌，盛岡，仙台，宇都宮，前橋，水道橋，水道橋駅前，新宿，池袋，渋谷，八重洲，立川，町田，横浜，日吉，大宮，名古屋，富山，金沢，京都，梅田，なんば，神戸，岡山，姫路，徳島，広島，福岡，福山，高松，熊本，宮崎，鹿児島，沖縄 |
| http://www.tac-school.co.jp/ | |
| LEC東京リーガル<br>マインド | 札幌，渋谷駅前，水道橋，新宿エルタワー，高田馬場駅前，池袋，横浜，町田，立川，千葉，名古屋駅前，静岡，京都駅前，梅田駅前，神戸，岡山，広島，福岡，那覇（加盟校，提携校は除く） |
| http://www.lec-jp.com/ | |

※2019年9月調べ。
　講座の内容などの詳細，在宅学習制度や通信教育制度については各校にお問い合わせください。

## あとがき

　第4版では，30代〜40代でビジネスの第一線で活躍し，収入面でも大企業の幹部以上に成功しているプロコンサルタント診断士の方々の事例を多数ご紹介することができ，これまでの「診断士はシニアになってから活躍する高年齢資格らしい」という，従来の印象に一石を投じることができたかなと思っています。

　ご協力いただいたプロ診断士の皆さまおよび，素晴らしい活躍をされている彼らを人選し，とりまとめていただいた酒井勇貴先生には大変感謝しており，今後のさらなる活躍を祈念しております。酒井先生からは本書の読者の皆様にあてて，大変熱のこもったメッセージをいただいており，ここでご紹介させていただきます。


　「全ては"変える"から"変わる"のです。」


　本書の読者となられた方への私の提案は，本書で診断士資格の全貌をご理解いただけたら，ぜひ国家試験にチャレンジいただき，合格して中小企業診断士の世界に飛び込むことで「自分の置かれている"環境"を変えてみて欲しい！」ということです。"中小企業診断士の世界"とは，資格を取った後のことだけをいっているわけではありません。受験生として学ぶ日々も"中小企業診断士の世界の一端"だと私は思います。

　私の人生も，"中小企業診断士の世界"に飛び込んで全く違う景色になりました。ビジネスの最前線において全力で働く傍ら，自分の可能性を広げるために資格学習に励む人たち。安定した大企業の地位を捨てて独立コンサルタントとして働くプロフェッショナルな人たち。会社を作って一人では成し遂げられない大きなコンサルティング・セミナー事業を展開する人たち。中小企業診断士でありながら，実業の世界でその実力を遺憾なく発揮する人たち。実務の世界から学問の世界に活躍の場を広げる人たち。この世界（環境）から数え切れ

ないほどの影響を受け，今こうして私は独立して生きています。会社を作り，少ないながらも従業員を抱えるようにもなりました。診断士の世界に飛び込んでいなかったら（環境を変えなかったら），このように人生が変わることはなかったと思います。診断士は，"変わらずにはいられない世界"を提供してくれる，とても刺激的なライセンスなのです。

　　酒井　勇貴先生より

　とても熱いメッセージです。実際診断士試験に合格するためには，1,000時間以上の学習が必要であり，簡単に合格する資格ではありません。だからこそ高い社会的信用や，問題解決能力に対する高い期待を得られるのです。
　診断士資格は合格してみれば「本当に資格取得して良かった」と思える価値ある資格のひとつです。
　ぜひ本書をきっかけにチャレンジしていただき，合格を手にして新しい明日に出会ってください。

著者を代表して　　建宮　努

## 参考資料

〈中小企業診断士試験実施団体〉

◆社団法人　中小企業診断士協会

　ホームページ URL　http://www.j-smeca.jp/

【編著者紹介】

建宮　努（たてみや　つとむ）

第一工業大学　准教授／博士（総合社会文化）／中小企業診断士／ファイナンシャルプランナー
シナジー総合研究所代表
日本経営診断学会正会員，日本国際情報学会正会員，人材育成学会正会員，
日本経営分析学会会員，ファミリービジネス学会正会員
豊富な実務経験を生かした初心者にもわかりやすいビジネス知識の講義で定評がある。
『10 年後にパーフェクトな自分になる本（共著）』『イラストと予想問題で合格販売士 3 級』『イラストと予想問題で合格販売士 2 級』『ゼロからはじめる英文会計入門』『図と例題でわかる上級英文会計（共著）』（以上，中央経済社）など著書多数。


【執筆協力者紹介】

酒井　勇貴（さかい　ゆうき）

中小企業診断士／経営学修士　合同会社クレイジーコンサルティング 代表社員　クリエイティブパーソンズ 代表　日本マネジメント学会正会員。東洋大学大学院 経営学研究科 非常勤講師。
「メーカー技術者・ベンチャーキャピタル・ベンチャー経営陣」という 3 つの経験を武器にした実践的なコンサルティングを展開している。
その他，大手経済紙系 Web サイトでの連載やデータ分析系の共著，大手企業・金融機関等での経営セミナーも数多く手がけている。

こんなにおもしろい
**中小企業診断士の仕事〈第4版〉**

| | | |
|---|---|---|
| 2008 年 6 月 20 日 | 第1版第1刷発行 | |
| 2009 年 4 月 15 日 | 第1版第3刷発行 | |
| 2011 年 12 月 20 日 | 第2版第1刷発行 | |
| 2012 年 7 月 5 日 | 第2版第3刷発行 | |
| 2016 年 5 月 1 日 | 第3版第1刷発行 | |
| 2017 年 7 月 30 日 | 第3版第3刷発行 | |
| 2020 年 3 月 1 日 | 第4版第1刷発行 | |

| | | |
|---|---|---|
| 編著者 | 建　宮 | 努 |
| 発行者 | 山　本 | 継 |
| 発行所 | ㈱中央経済社 | |
| 発売元 | ㈱中央経済グループ パブリッシング | |

〒101-0051　東京都千代田区神田神保町 1 - 31 - 2
電　話　03 (3293) 3371 (編集代表)
　　　　03 (3293) 3381 (営業代表)
http://www.chuokeizai.co.jp/
製版／㈲ イー・アール・シー
印刷／三 英 印 刷 ㈱
製本／㈲ 井 上 製 本 所

©2020
Printed in Japan

＊頁の「欠落」や「順序違い」などがありましたらお取り替えいたしま
すので発売元までご送付ください。(送料小社負担)
ISBN 978-4-502-33211-1　C3034

JCOPY 〈出版者著作権管理機構委託出版物〉本書を無断で複写複製 (コピー) するこ
とは, 著作権法上の例外を除き, 禁じられています。本書をコピーされる場合は事前
に出版者著作権管理機構 (JCOPY) の許諾を受けてください。
　　　JCOPY 〈http://www.jcopy.or.jp　e メール：info@jcopy.or.jp〉

# 中央経済社の本

好評
既刊！

こんなにおもしろい仕事シリーズ

こんなにおもしろい
弁護士の仕事

千原 曜・日野 慎司 ［著］
定価 本体 1,800 円＋税

こんなにおもしろい
司法書士の仕事

山本 浩司 ［著］
定価 本体 1,800 円＋税

こんなにおもしろい
社会福祉士
の仕事

飯塚 慶子 ［著］
定価 本体 1,800 円＋税

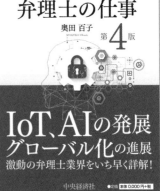

こんなにおもしろい
弁理士の仕事

奥田 百子 ［著］
定価 本体 1,800 円＋税

**定価変更の場合はご了承ください。**